Julia Solska

mit Thomas Schmoll

Als ich im Krieg erwachte

Tagebuch einer Flucht aus der Ukraine

„Wenn Freiheit überhaupt etwas bedeutet, dann bedeutet sie das Recht darauf, den Leuten das zu sagen, was sie nicht hören wollen." (George Orwell)

Mein Kater Fran. © Julia Solska

Inhalt

Prolog

Es ist verrückt! Verrückt wie dieser ganze hässliche Krieg.

Ich wollte immer ein Buch schreiben, von der Ukraine erzählen, was für ein schönes Land meine Heimat ist, warum ich dort so gerne lebe, mich wohlfühle. Ich dachte an einen Reiseführer über die Sehenswürdigkeiten und Naturschönheiten zwischen Lwiw und der Krim, einen Roman, vielleicht eine Liebesgeschichte, die in Kiew* spielt. Ich dachte sogar an eine Autobiografie, in der ich erzähle, warum ich mein Leben so und nicht anders gelebt habe. Und nun habe ich soeben die ersten Zeilen eines – meines! – Buches niedergeschrieben: Es ist weder ein Reiseführer noch ein Roman oder meine Autobiografie. Es ist ein Kriegstagebuch. Ich kann es selbst kaum glauben, dass ich, eine Europäerin, Anfang des 21. Jahrhunderts vom Krieg und seinem Schrecken erzähle – erzählen muss.

---

* Wir folgen bei Kiew hier und im Folgenden der bis dato gebräuchlichen deutschen Schreibweise, ukrainisch wäre es Kyїv.

Kiew im Frieden. © Maksym Stelmakh

Krieg! Ein böses Wort, das für sinnlosen Tod, sinnloses Leiden und sinnlose Zerstörung steht, für Flucht und Vertreibung, Tragödien und Traumata – einfach für all das, was die Menschheit nicht braucht, was kein Normalsterblicher jemals erleben will und sollte. Aber das Schicksal schlägt ja bekanntlich am liebsten dann besonders hart zu, wenn man nicht damit rechnet. Ich weiß, wovon ich rede. Ich habe ihn erlebt, den Tag, an dem ich im Krieg erwachte, sich mein Leben wie das der anderen 41 Millionen Ukrainer innerhalb weniger Minuten kolossal änderte.

Es waren Geräusche, die ich vorher noch nie gehört hatte – woher auch? –, die mich in meiner Kiewer Wohnung aus dem Schlaf rissen und alsbald zur Flucht zwangen. Dumpfe Geräusche, ein merkwürdiges Grollen und Krachen, als käme es von tief unten aus der Erde. Bald wusste ich, dass es die Hölle war.

Ich war krank, hatte Fieber, 38,5 Grad, schlief wieder ein, bis mein Freund mich nach wenigen Minuten weckte und sagte: „Steh auf, es hat begonnen." Ich hatte Angst, riesige Angst, und war froh, dass mein Freund da war – und mein Kater Fran, der friedlich wie immer auf dem Sofa heia machte. Ein bisschen beneidete ich ihn für die Gabe, die Gefahr und den Lärm der Bomben zu ignorieren und seelenruhig weiterzuschlummern, als wäre die Welt von heute noch die von gestern. Ich stand auf und befand mich in einer neuen Zeitrechnung: Der erste Eroberungskrieg in Europa seit 1945 hatte begonnen. Ich hatte nie einen russischen Angriff auf die gesamte Ukraine erwartet. Aber das laute Krachen der Explosionen war nun mal da, keine Einbildung, sondern ein lebendig gewordener Horrorfilm.

Noch tags zuvor war alles so wie immer, wie ich Kiew kannte, diese freundliche und weltoffene Stadt, in der ich gerne lebte und hoffentlich bald wieder lebe. Die Angst vor einem großen Krieg schwebte stets wie ein Fallbeil über uns. Es hing seit vielen Jahren dort. Wir schauten nur einfach nicht mehr nach oben, um nachzusehen, ob es noch da ist. Wir hatten uns an das Dasein unter der Guillotine gewöhnt – der Mensch ist ja bekanntlich ein Gewohnheitstier, das die hohe Kunst des Verdrängens beherrscht, damit es alles Tragische und Böse besser aushält.

In Wahrheit hatte der Krieg längst begonnen. Putin hatte ihn wie ein Krebsgeschwür in die Ukraine eingepflanzt und wuchern lassen. Er besetzte die Krim, annektierte sie im März 2014 und ließ sich dafür von seinem Volk bejubeln, während der Westen Sanktionen verhängte, über die im Kreml gelacht wurde, so lausig waren sie. Später griff Putin militärisch im Donbass ein, unterstützte die Separatisten, die die Ukraine spalten und uns als Volk vernichten wollen. Wir wussten, dass es passieren wird. Aber wir haben nicht wirklich daran geglaubt, dass Putin das ganze Land überfällt. Oder besser gesagt: Wir wollten nicht daran glauben.

Russland war für uns immer weit weg und so egal, wie es nur irgend geht. Wir, das ukrainische Volk, haben – anders als unsere Politiker – Putin zu wenig ernst genommen: Trotz seiner ewigen Hetze gegen die Ukraine und der absurden Propaganda von den „Drogensüchtigen" und „Nazis" in der Kiewer Regierung. Es war so lächerlich, das konnte doch niemand glauben, der ein wenig Verstand hat.

Eine Woche vor dem Einmarsch der Russen hörte ich zum ersten Mal von Plänen Putins, die Ukraine anzugreifen. Spannung lag in der Luft. Ich hielt es allerdings für psychologische Kriegsführung, Präsident Selenskyj unter Druck zu setzen. Aber die Vorstellung, dass russische Panzer durch ukrainische Städte fahren würden, schien völlig abwegig zu sein – nicht nur für uns Ukrainer, sondern die gesamte westliche zivilisierte Welt.

Dabei hatte Putin den Krieg angekündigt in einer Vergewaltigungsfantasie, die seine ganze Brutalität verriet. In einer Pressekonferenz mit dem französischen Staatspräsidenten Emmanuel Macron sagte er über die Ukraine: „Ob's dir gefällt oder nicht, du wirst dich fügen müssen, meine Schöne!" Ich habe gelesen, dass sich Macron an seinen Knopf im Ohr fasste, als zweifle er an der Richtigkeit der Übersetzung. Das Zitat stammt aus einem russischen Lied, wie ich später erfahren habe – ein obszönes Liedchen, das Russen beim Saufen singen. Der Text ist widerlich. Dass Putin ihn zitiert hat, hat seine Absichten verraten: Er vergewaltigt die Ukraine.

Wir hatten zwar angefangen zu lesen, wo sich die Luftschutzbunker befinden und was man in den „Alarmrucksack" packen muss. Aber wir waren sicher: Es wird nichts passieren, Kiew ist sicher, weit genug weg vom Donbass. Wenn es knallt, dann vor allem im Osten der Ukraine. Ich glaubte bis zuletzt, dass Putin nicht das gesamte Land angreifen würde. Ich dachte, dass der Albtraum bald wieder vorbei ist, mein Freund, Fran und ich in Kiew bleiben können, weil spätestens am Mittag die erlösende Nachricht kommt, dass alles schon wieder vorbei, der Horrorfilm fertig gedreht ist. Doch das Grollen, Wummern und Donnern ging weiter und hämmerte es mir mit voller Wucht ins Gehirn, dass der Krieg begonnen hatte und ich mittendrin war. Als ich das endlich realisierte und akzeptierte, war augenblicklich alles Vergangene, alles Erlebte, alles Schöne auf der Welt vergessen. Es zählte nur das Jetzt und das Hier, nicht der nächste Tag, noch nicht mal die nächste Stunde, sondern nur die Minute, die gerade lief. Zum ersten Mal in meinem Leben war Überleben das Einzige, auf das es ankam. Sonst nichts. Ich konnte nicht an morgen denken, nicht an den Nachmittag. Es machte schlicht und einfach keinen Sinn, weil ich nicht wusste, ob es einen Nachmittag und ein Morgen geben würde oder die Welt über oder unter mir zusammenstürzt und mich verschlingt.

Mein Herz raste, ich hatte furchtbare Angst um alles, was mir teuer ist: meinen Freund, meinen Kater, meine Eltern, meine Schwester, meine Freunde, meine Heimat und natürlich auch um mich. Es war weniger mein Verstand, der mir half, nicht in Panik zu verfallen, als der natürliche Antrieb, der Mensch und Tier gleichermaßen innewohnt, den man Überlebensinstinkt nennt. Er war es, der mir befahl: Bleib ruhig! Halte durch! Das Leben geht weiter! Irgendwie! Nur wie? Das war die Frage, die mich quälte, als ich mich aus der Schockstarre löste und begann, mich zu sammeln. Der Nebel löste sich. Ich wusste plötzlich, dass es um mehr ging als um meine Liebsten und mich. Es ging um den Fortbestand der gesamten Ukraine als souveräner Staat und seine 41 Millionen Einwohner: Frauen, Männer und Kinder. Diesen Menschen widme ich mein Buch, in dem ich nicht die Heldin sein will, auch wenn mein Name vorne draufsteht. Alle Ukrainer sind Helden. Das haben wir der ganzen Welt bewiesen. Und das wird uns noch Jahrzehnte tragen.

Es ist an der Zeit, mich vorzustellen, damit Sie wissen, mit wem Sie es zu tun haben, wer Ihnen erzählt, wie es ist, im Krieg zu erwachen. Mein Name ist Julia Solska. Ich liebe das Leben, die Freiheit, die Menschen (jedenfalls die meisten), Tiere, Reisen und schwarzen Kaffee. Ich bin fröhlich und offen, manchmal still und in mich gekehrt. Und stolz, Ukrainerin zu sein. War es schon immer und nicht erst seit Beginn des Krieges. Ich kam am 21. Dezember 1989 in Worsel zur Welt, das weniger als 7000 Einwohner hat und mehr ein Dorf als eine Kleinstadt ist. Worsel liegt eine halbe Autostunde von Kiew entfernt und gehört wie Hostomel, Irpin und Prypjat, wo die „verbotenen Zonen" rund um das havarierte Kernkraftwerk Tschernobyl liegen, zur Oblast – in Deutschland würde man sagen: zum Verwaltungsbezirk – Kiew.

Als ich noch klein war, zogen wir in das Haus, in dem schon meine Urgroßeltern wohnten, im Dorf Mychajliwka-Rubeschiwka, das direkt an Worsel angrenzt und schon mehr als 400 Jahre existiert. Wenn mich jemand fragt, woher ich komme, sage ich immer Worsel, weil keiner Mychajliwka-Rubeschiwka kennt, noch nicht mal in Kiew. Worsel ist einer der Orte, für die es im Deutschen das lustige Wort „Kaff" gibt, das ironisch, aber nicht unbedingt boshaft gemeint ist. Würde man meinen Heimatort ein Kaff nennen, würde ich aber trotzdem widersprechen. Ich mag Worsels Gemütlichkeit und bin dort gerne aufgewachsen. Für Kinder ist es ein Idyll – war es jedenfalls bis zum Krieg. Ich mochte aber auch unser Dorf Mychajliwka-Rubeschiwka.

Erst 1905 ist Worsel gegründet worden. In seiner kurzen Geschichte ist es schon zweimal von fremden Armeen heimgesucht worden. Im Zweiten Weltkrieg war es die deutsche Wehrmacht, die am 22. September 1941 den Ort besetzte, bevor sie im November 1943 unter dem Druck der anrückenden Roten Armee wieder verschwand. Ende Februar 2022 waren es russische Truppen, die über Worsel herfielen, töteten, zerstörten und plünderten. Es ist besonders tragisch, dass die Russen erst als Befreier und acht Jahrzehnte später als Besatzer kamen.

Als mich meine Mutter zur Welt brachte, war die Berliner Mauer wenige Wochen zuvor gefallen. Die Sowjetunion existierte noch. Aufgelöst wurde sie bekanntlich im Dezember 1991, zwei Jahre nach meiner Geburt. Ich habe keine emotionale Beziehung zur Sowjetunion, meine Heimat ist die Ukraine. Ab und an hat mir meine Mutter Geschichten erzählt aus der Zeit der Sowjetunion, von der Propaganda über die angebliche Überlegenheit des Kommunismus über den Rest der Welt, eine Aussage, die nicht so wirklich zur Realität passen wollte, den Warteschlangen vor den Läden mit Hunderten Menschen, die für Wurst oder Milch stundenlang anstanden. Ich glaube aber, dass die Menschen auf ihre Weise in der Sowjetunion glücklich waren, jedenfalls nicht unglücklich. Sie kannten den Westen nicht. Wer sich nicht mit anderen Ländern und Leuten vergleichen kann, dem fehlt auch nichts.

Meine Mama erzählte mir von den Dingen, die kostenlos oder subventioniert waren: die medizinische Versorgung, das Wohnen und das Studium. Die Gehälter waren gut, man hatte viel Geld. Das Problem war nur: Man konnte damit nichts anfangen, weil es nichts zu kaufen gab. An allem bestand Mangel, selbst an Lebensmitteln. Und das ausgerechnet in der Ukraine, der Kornkammer der Welt. Mein Heimatland hat humusreiche Böden, die zu den fruchtbarsten der Erde gehören. Trotzdem gab es bei uns zu wenig, weil die Ukraine die riesige Sowjetunion versorgen musste.

Das Leben war leichter als heute, jedenfalls empfanden es viele so. Denn der Staat hat einem alles abgenommen, alles gemacht. Man brauchte nicht zum Amt gehen und eine Wartenummer ziehen, um nach Arbeit zu fragen oder einen Personalausweis zu bekommen. Den bekam man genauso wie einen Arbeitsplatz, ohne eine Behörde aufzusuchen. Als die Ukraine unabhängig wurde, änderte sich das ganz schnell. Die Menschen wurden aus der Unmündigkeit entlassen. Jeder musste sich jetzt selbst um alles kümmern, sein Leben aufbauen und sich und seine Familie ernähren. Daran haben wir uns schnell gewöhnt. Mussten wir, uns blieb gar keine Wahl.

Mir bereitet genau das großes Vergnügen. Ich liebe es, unabhängig und selbstständig zu sein, meinen Weg zu gehen, die Möglichkeiten zu nutzen, die Freiheit mit sich bringt. In gewisser Weise bin ich da ein Sonderling in meiner Familie. Wahrscheinlich hat es damit zu tun, dass ich die Sowjetunion nicht mehr bewusst erlebt habe. Ich wollte unbedingt ins Ausland, viel reisen, andere Länder kennenlernen. Meine Eltern und Schwester sind immer nur daheim geblieben und nie verreist – bis heute nicht. Das könnte ich gar nicht, ich habe, wie es in Deutschland so schön heißt, Hummeln im Hintern.

Ein Jahr nach dem Zusammenbruch der Sowjetunion brach meine Familie auseinander. Mein Vater hat uns verlassen, als ich drei Jahre alt war. Mama zog meine große Schwester und mich allein groß, während sie arbeitete und sich zugleich beruflich fortbildete. Unterstützung erhielt sie von ihren Eltern, meinen leider schon verstorbenen Großeltern. Später bekam ich einen Stiefvater, der lieb zu mir war. Wir alle lebten zusammen in unserem Haus: Meine Oma und mein Opa (beide Jahrgang 1935), meine Mutter (1963), meine Schwester (1981) und ich (1989) und neuerdings mein Neffe (2004). Mehrere Generationen unter einem Dach ist in der Ukraine auf dem Land keine Seltenheit – auch wenn das durchaus Reibereien mit sich bringt. Familie und Zusammenhalt sind uns wichtig.

Als kleines Kind – laut meiner Mutter schon als Baby – war ich sehr neugierig und unternehmungslustig, wollte alles sehen, anfassen, untersuchen und wissen. Das Unbekannte, das Neue zog mich an. Ich war ein ziemlich süßes, ruhiges und artiges Mädchen. Ungerechtigkeiten und Lügen mochte ich schon als Kind nicht.

Meine Mutter hat mir früh die Liebe zu Büchern vermittelt. Jeden Abend las sie mir vor dem Einschlafen Märchen von Andersen, Puschkin, den Brüdern Grimm und fantastische Geschichten aus aller Herren Länder vor. Besonders gern mochte ich die Geschichten von Nikolai Nossow, einem russischen Kinderbuchautor, über die Abenteuer von Dunno und seinen Freunden in der fabelhaften Blumenstadt. Die Reihe hat meine Lust aufs Reisen geweckt. Schon als Kind fasste ich den Entschluss, eines Tages rund um die Erde zu reisen, um zu sehen, wie Menschen auf der ganzen Welt leben, was sie tun, wie sie ticken, was sie ausmacht, worüber sie lachen und weinen, was sie lieben und hassen, von was sie träumen, woran ihr Land reich oder arm ist. Allerdings musste ich 20 Jahre alt werden, bevor ich zum ersten Mal als Touristin ins Ausland gereist bin. Es ging nach Ägypten, All-inclusive-Urlaub: sehr faul, erholsam und ein bisschen spießig.

Ich glaube, meine Kindheit war glücklich und unbeschwert. Meine Familie war arm. Urlaub kannte ich nicht. Meine Großeltern und Eltern hatten nicht genug Geld, meiner Schwester und mir die Wünsche zu erfüllen, die kleine und große Mädchen so haben. Wir hatten einfache Sachen zum Anziehen und zum Spielen, selten Schokolade oder andere Leckereien im Haus. Ich habe trotzdem nichts vermisst und hatte dafür alles, auf was es als Kind ankommt: Aufmerksamkeit, Fürsorge und Liebe von Menschen in meiner Nähe, viele Freunde und jede Menge Platz zum Spielen direkt vor der Haustür.

Unser Haus in Mychajliwka-Rubeschiwka ist umgeben von wunderschöner Natur. Über der Straße liegt ein großes Feld, ganz nah sind ein Wald und ein Fluss. Als ich sieben, acht Jahre alt war, liebte ich es, ganz früh aufzustehen, während die anderen noch schliefen, um zu sehen, wie die Natur erwacht. Draußen im Hof genoss ich die Stille, während die Sonne an Kraft gewann, ihre Strahlen alles erwärmten und in fröhliche Farben hüllten. Meine Haare waren von der ukrainischen Sonne richtig strubbelig.

Erst jetzt, beim Nachdenken über meine Kindheit, wird mir klar, dass ich schon als kleines Mädchen eine poetische und romantische Ader hatte.

Meine Fantasie nutzte ich dafür, mir allerlei Spiele für mich und meine Freunde auszudenken. Damals gab es ja noch keine Computer und Handys. Statt auf ein Display zu starren, schaute ich nach oben in die unendliche Weite des blauen Himmels über unserem Dorf. Einen Fernseher hatten wir – immerhin. Ich sah gern Zeichentrickfilme und Musiksendungen. Da ich und meine Schwester acht Jahre auseinander sind, hatten wir unterschiedliche Interessen und Bedürfnisse. Wir stritten uns ständig, wie es zwischen Geschwistern sicher häufig passiert, vor allem bei dem Altersunterschied. Ich würde sagen, dass wir im Allgemeinen sehr unterschiedlich sind, auch jetzt noch. Lieb haben wir uns trotzdem.

Mama, die schon immer viel gearbeitet hat, mischte sich selten ein, wenn wir stritten. Sie hat versucht, uns das Beste zu geben, was sie konnte. Ich erinnere mich noch gut, wie glücklich ich sie jeden Nachmittag an der Wohnungstür empfing – manchmal konnte ich nicht mehr warten und lief ihr entgegen und fragte, ob sie nach der Arbeit etwas Besonderes hatte besorgen können, Kekse oder Bananen.

Opa, Oma, Mama und Papa haben mir beigebracht, Familienwerte und -traditionen zu respektieren, zu schätzen und zu wahren, auch Heimat, Muttersprache und Kultur. Ich habe mich immer doll auf Ostern und Weihnachten gefreut, weil wir stets im Kreise der Familie feierten. Meine Mutter hat traditionelle ukrainische Gerichte gekocht, wir haben uns gegenseitig kleine Geschenke gemacht und viel gelacht, verschiedene Gesellschaftsspiele und Schach gespielt. Ich bin in einer Atmosphäre des Friedens, des Trostes und der Freiheit aufgewachsen – und mit großen Träumen und Zielen. Und ich glaubte stets an eine wunderbare Zukunft und dass ich einen Beitrag leisten könnte, mein Land mit aufzubauen.

Nach meinem Bericht werden Sie mir sicherlich glauben, wenn ich sage, dass ich alles andere als ein verwöhntes Kind war. Ich habe schon früh verstanden, dass ich alles, was ich möchte, selbst erreichen muss. Leider. Oder zum Glück. Je nachdem, welche Perspektive man dazu einnimmt. Wie auch immer: Ich habe mich schon früh bemüht, unabhängig zu sein und niemanden um Hilfe bitten zu müssen. Nicht aus falschem Stolz, sondern weil ich gerne auf eigenen Füßen stehe und diesen Weg als Herausforderung betrachte.

Fran, mein Kater, hat sogar einen Nachnamen: Bird. Also Fran Bird. Denn er steht auf Vögel. Er ist ein besonderes Tier, eigensinnig und nicht besonders verschmust. Mein Freund brachte ihn eines Tages von einem Bekannten mit, der das Tier bei sich hatte, weil der Vorbesitzer den Kater ständig beschimpfte, bedrohte und schlug, weil Fran gerne Möbel, Tapete und überhaupt alles zerkratzte, was ihm unter die Krallen kam. Wohl wegen dieser Erfahrung war er Menschen gegenüber misstrauisch, es hat eine Weile gedauert, bis wir Freunde wurden. Während des Corona-Lockdowns – nicht alles war schlecht während der Pandemie – mussten wir Tage, Wochen und Monate miteinander verbringen. Wir hatten viel Zeit, uns kennenzulernen. Ich bin keine Angeberin, wenn ich behaupte, dass er sehr gut erzogen ist. Er benimmt sich heute wie ein echter Gentleman und bearbeitet mit seinen Krallen nur noch das, was er zerkratzen darf. Ich bin sicher, dass ihn mein Freund vor Qualen und einem frühen Tod gerettet hat.

Ich vermisse Fran so sehr wie meinen Freund, über den ich nur Schemenhaftes berichten will, weil wir nicht wissen, was der Krieg aus uns beiden machen wird. Wir hatten als Paar gerade eine schwierige Zeit hinter uns. Mein Freund musste aus gesundheitlichen Gründen nicht an die Front, aber ... Es tut weh, ich hoffe, dass es das Schicksal gut mit uns meint.

Waren wir auf Reisen, haben wir Fran meistens mitgenommen. Vier Wochen vor Kriegsbeginn habe ich für meinen Kater eine Instagram-Seite erstellt, da ich soooo viele süße und lustige Fotos von ihm habe. Meine Mama sagte: „Julia, was du immer für Sachen machst. Muss das denn sein?" Ja, musste. Das witzigste Bild ist das, wie er auf dem Rücken liegt, sich an einen Holzkasten anlehnt und die Sonne auf den Bauch scheinen lässt. Er sieht aus wie eine Comic-Figur, die Aufnahme wie Fake – aber sie ist echt und nicht gestellt. Ein bisschen hoffte ich, dass Fran ein Instagram-Star wird mit Hunderttausenden Fans und vielleicht in einer Werbung gefilmt wird. Weil er einfach so cool ist! Aber die Aussichten sind nicht so rosig, Fran populär zu machen. Einerseits, weil der Krieg dazwischenkam – und andererseits, weil wir nach vier Wochen erst fünf Follower hatten. Na ja, man kann halt nicht alles haben im Leben.

Wir Ukrainer sind vernarrt in Haustiere. In sehr vielen Haushalten leben ein Hund, eine Katze oder ein anderes Tier. Keine Ahnung, warum das so ist. Ein Grund könnte sein, dass es bei uns keine Hundesteuer wie in Deutschland gibt. Vielleicht haben wir einfach nur große Herzen und wollen uns um jemanden kümmern. Der Schauspieler Alexei Surovtsev, der – kein Scherz – mehrfacher Meister der Ukraine im Striptease ist, erlangte Berühmtheit, weil er Tiere aus Irpin rettete, als es noch von Russen besetzt und umkämpft war. Ein Video machte im Internet die

Runde, das zeigte, wie er verängstigte Katzen und Kätzchen aus zerbombten Häusern holte. Er sprach beruhigend auf sie ein: „Ach, hier seid ihr, ihr Kleinen! Ihr habt überlebt, meine Süßen. Jetzt ist aber alles in Ordnung."

Haustiere sind bei uns wie eigentlich überall auf der Welt Freunde. Viele Ukrainer, die nach Polen oder weiter in den Westen geflohen sind, haben ihre Vierbeiner mitgenommen: meistens Hunde und Katzen. Manche haben sogar auf Taschen oder Koffer verzichtet, um ihre Tiere tragen zu können. Ich weiß von Leuten, die einen Hamster oder Fische bei sich hatten. Aber Zehntausende, die Hals über Kopf ihre Bleiben verlassen mussten, konnten ihre Tiere nicht mitnehmen und ließen sie in der Hoffnung, dass der Krieg bald vorbei ist, eingeschlossen in Wohnungen oder Häusern zurück. Ein trauriger Gedanke – und ich bin froh, dass meinem Kater dieses Schicksal erspart geblieben ist und ich ihn bei der Mutter meines Freundes in Sicherheit weiß.

Was müssen Sie noch über mich wissen? Die deutsche Sprache ist meine große Leidenschaft. Mit zwölf habe ich begonnen, sie zu lernen. Ein glücklicher Zufall half dabei. Wir konnten in der Schule wählen zwischen Deutsch und Englisch – so entschied es der Direktor höchstpersönlich. Er wollte, dass meine Deutschlehrerin Yanina Polikarpovna, eine ehrenwerte und kluge Dame, noch ein allerletztes Jahr unterrichten und danach in Rente gehen sollte. Viele Eltern und Schüler waren regelrecht empört, dass nicht alle Kinder Englisch lernten, wer braucht denn Deutsch?! Englisch ist doch viel populärer und nützlicher im Leben! Meine Mutter reagierte gelassen, als ich mich für Deutsch entschied, und unterstützte meine Wahl. Mama hatte guten Grund: Schon sie hatte bei Frau Polikarpovna Deutsch gelernt und hielt sie für eine wunderbare Lehrerin, was stimmte, wie ich bald selbst merkte. Ich lernte gerne Deutsch, es fiel mir leicht, und der Unterricht war sehr interessant.

Da ich Talent hatte, schickte man mich nach dem Jahr auf eine Sprachschule in Kiew. Es war nur logisch, dass ich Germanistik studierte. Danach arbeitete ich in Kiew für ein Touristikunternehmen. Nach wenigen Monaten hatte ich genug davon, der kleine Entdecker in mir konnte nicht mehr stillsitzen und wollte hinaus in die Welt. Zunächst dachte ich – Englisch habe ich natürlich auch gelernt – an Neuseeland, schon wegen der Natur und den Outdoor-Möglichkeiten. Der Plan scheiterte am Geld, ich träume aber weiter davon, ein paar Jahre dort zu leben. Dann zog ich Schweden und Norwegen in Betracht – auch viel zu teuer. Schließlich bewarb ich mich als Au-pair in mehreren Ländern. Eine Familie aus Deutschland antwortete am schnellsten. Wir mochten uns sofort, als wir uns über Skype unterhielten. Deutsch konnte ich besser als Englisch. Und so dachte ich: Warum nicht Deutschland? Nach einem Jahr kehrte ich nach Kiew zurück. Eine Beziehung scheiterte ebenso wie der Wunsch, eine Familie zu gründen – ich war emotional völlig erschöpft und ging wieder nach Deutschland, studierte an der Ruhr-Universität Bochum wieder Germanistik.

Ich vermisste mein Zuhause, meine Eltern und meine Schwester und beschloss, zurück nach Kiew zu gehen. Viele meiner Freunde und Bekannten sahen mich verwundert an, als ich es ihnen verkündete. Ein Freund meinte: „Du wirst ein paar Monate in Kiew leben, und dann willst du wieder nach Düsseldorf kommen." Eine Freundin sagte: „Du hast in Deutschland mehr Möglichkeiten und wirst viele Verehrer verlieren." Und so weiter und so fort. Sie irrten. Ich glaube, dass Chancen immer und überall auf einen warten. Man muss nur wissen, was man will, und alles, was im Leben kommt, dankbar annehmen.

Für mich stand fest, ich muss zurück, weil mein Herz nach Kiew gehört. Ich liebe die Stadt, ganz besonders das historische Zentrum Podil und Andrijiwskij Uzwiz, wo man den leckersten Kaffee der Ukraine trinken, die Stadt und das Leben genießen und Menschen beobachten kann: die vielen schicken Frauen, die flotten Männer, aber auch ganz normale Bürgerinnen und Bürger aus allen Schichten. Ich mag die vielen Parkanlagen, in denen man spazieren gehen oder Rad fahren kann, das Essen in den Restaurants, die Leckereien in den Cafés und die Cocktails in den Bars. In Kiew ist immer was los. Es ist eine Stadt zum Entdecken, voller kreativer, kluger und begabter Leute, geprägt von Kultur, Subkultur, Humor und Lebenslust, umgeben von Wäldern und Seen – es gibt wunderbare Ausflugsmöglichkeiten ins Grüne. Kiew hat aber auch die für Großstädte typischen Schattenseiten. Die sozialen Unterschiede in der Bevölkerung sind enorm, es leben dort und in der Umgebung sehr reiche und sehr arme Menschen. Ich hoffe, dass sich dies nach dem Krieg bessert und Kiew wieder boomt, wie es schon nach dem Maidan 2014 der Fall war, als Putin damit scheiterte, in Kiew eine Marionettenregierung zu installieren.

Als ich das erste Mal in Deutschland wohnte, habe ich in Düsseldorf Syrern, Irakern, Eritreern und Äthiopiern Deutsch beigebracht. Ich wusste, die Menschen sind vor Terror, Krieg und Unfreiheit geflohen. Sie erzählten mir von ihren schrecklichen Erlebnissen in der Heimat, aber trotzdem fiel es mir schwer, ihr Schicksal zu erfassen und zu verstehen, dass Menschen aus Not ihre Heimat verlassen. Ich hätte nie gedacht, selbst einmal vor einem Krieg fliehen zu müssen. Bis zum 9. März 2022, dem Tag, an dem ich die polnische Grenze überschritt und selbst zu einem Flüchtling wurde, der im Ausland Schutz vor der Gewalt einer fremden Macht sucht.

Nun bin ich wieder in Deutschland, in Düsseldorf, der Stadt, die ich gerne mag, an die ich viele gute Erinnerungen habe und die ein bisschen zu meiner zweiten Heimatstadt geworden ist. Aber dieses Mal bin ich leider nicht als Gast gekommen. Ich habe gemischte Gefühle. Ich möchte auch jetzt nicht nur als Opfer oder Flüchtling gesehen werden, ich will nicht auf deutsche Staatskosten leben, denn ich spreche die Sprache und kann arbeiten.

Ich bin froh, in Sicherheit zu sein, und Deutschland dankbar dafür, hier leben zu können. Ich schätze die vielen kleinen Dinge im Leben mehr als je zuvor. Und ich hoffe, dass es die Menschen in Deutschland zu schätzen wissen, was sie haben jenseits des Wohlstands: Frieden, Demokratie und Freiheit. Ich wünsche es ihnen wie allen anderen Menschen auf der Welt, niemals von Bomben geweckt zu werden und das Weite suchen zu müssen.

Ich weiß, es klingt pathetisch, vielleicht auch banal: Wenn ich etwas gelernt habe in diesem hässlichen Krieg, dann das, worauf es ankommt im Leben, die kleinen Dinge, die glücklich machen: ausschlafen, Kaffee trinken, Freunde treffen, spazieren gehen, die Mama auf die Wange küssen, umarmt werden. Ich vergleiche es mit einer schweren Krankheit wie Krebs, die ein Mensch nach geglückter Therapie überlebt hat und plötzlich weiß, was ihm wichtig ist und worauf es ihm ankommt. Das Lachen eines Kindes sieht dann ganz anders aus, ein freundliches Wort hat einen ganz anderen Klang, die ersten Sonnenstrahlen des Frühlings schaffen eine ganz andere Wärme.

Ich träume von Dingen, die gerade unerreichbar sind, obwohl sie nur zwei Flugstunden von Düsseldorf entfernt liegen. Viele meiner Landsleute sind gestorben, andere werden nie mehr in ihre angestammte Heimat zurückkehren können, weil es sie nicht mehr gibt, sie weggebombt worden ist. Meine Lieblingsorte in Kiew, Butscha und Irpin, wo ich gerne spazieren gegangen bin und mit Freunden gequatscht, gelacht und gefeiert habe, sind zerstört. Wer hätte je gedacht, dass Butscha, die kleine Stadt nahe meines Geburtsorts, in der ich nach der Rückkehr aus Deutschland einige Monate gewohnt habe, zum Symbol eines Massakers in Europa Anfang des 21. Jahrhunderts werden würde. Die Häuser unserer Nachbarn, in denen ich als Kind, Jugendliche und Erwachsene zu Besuch war, wurden ausgeraubt, teilweise niedergebrannt. Der Wald in der Nähe meines Elternhauses, in dem ich einst getollt habe, ist jetzt vermint.

Ein emotionales Minenfeld sind meine Erinnerungen. Wenn ich die Fotos von meiner Familie, meinem Freund, Worsel, Mychajliwka-Rubeschiwka und Kiew sehe, werde ich melancholisch. Wenn ich Bilder von Fran sehe, muss ich lächeln. Jeder Anflug von Freude ist immer auch von Schmerz begleitet. Es sind Aufnahmen aus der guten alten Zeit. Es ist brutal, dass ich, eine junge Frau von etwas mehr als dreißig Jahren, beim Betrachten von Bildern meines Katers von der guten alten Zeit rede, als wäre ich eine Urgroßmutter, die auf die hundert zugeht und in der Vergangenheit schwelgt.

Mit Erstaunen habe ich festgestellt, wie grausam, dumm und gleichgültig unser Nachbarvolk sein kann, dass es einem Wahnsinnigen folgt, der unter Minderwertigkeitsgefühlen leidet – und wenn Sie mich fragen, vollkommen zu Recht. Putin ist minderwertig, in einer Fabrik wäre er Ausschussware. Ich merke, dass ich, eigentlich ein freundlicher Mensch, boshaft geworden bin, dass ich mir Auge um Auge und Zahn um Zahn auf meine Kriegsfahne geschrieben habe. Anfangs wehrte ich mich dagegen, jetzt lasse ich Wut und Zorn freien Lauf. Ich will nicht mehr nett sein. Die Russen sollten unseren Schmerz spüren, falls einer von ihnen ein Herz hat. Sie brachten Tausenden den Tod, sogar ukrainischen Kindern, nahmen ihnen die Zukunft.

Ich wollte alle Bemerkungen über Russen, vor allem die Soldaten, aus meinem Tagebuch rausnehmen. Aber mir riet jemand, dem ich vertraue, gerade das drin zu lassen, damit die Welt erfährt, was der Krieg aus einem macht, wie man sich verändert, wie hart man wird, wie man sich panzert und schützt vor Seelenqualen, wie schnell das Menschliche aus einem weicht und Gleichgültigkeit in Verachtung oder sogar Hass umschlägt.

Ich bin keine Schriftstellerin, habe in mein Tagebuch, das ich seit Jahren führe, kleine Geschichten aus meinem Leben geschrieben, schöne wie traurige, und meinen Gefühlen freien Lauf gelassen. Auf mancher Seite ist ein kleiner Wasserfleck von einer Träne zu sehen, früher aus Liebeskummer, jetzt aus Trauer um meine Nation. Niemandem habe ich bis jetzt auch nur eine einzige Zeile zu lesen gegeben, alles blieb mein Geheimnis. Als ich die Chance bekam, meine Aufzeichnungen – nur die zum Krieg – zu veröffentlichen, habe ich nicht gezögert.

Ich bin dankbar, dass ich der Welt auf diese Weise erzählen kann. Ich habe oft geweint, als ich die Sätze aus dem Ukrainischen ins Deutsche übertrug und Details oder Erklärungen – im Buch kursiv gesetzt – hinzufügte. Sie können sich bestimmt vorstellen, dass ich auf der Flucht nicht jeden Gedanken und Satz ausformuliert oder fünfminütige WhatsApp-Nachrichten transkribiert habe – dazu fehlte es mir an Ruhe, Nerven und Kraft. Gerade in den ersten Kriegstagen waren es oft nur Stichpunkte oder einzelne Sätze, die ich mir notierte.

Ich hoffe, einen winzigen Beitrag zu leisten, die Erinnerung an die Verbrechen der russischen Armee und ihres Diktators wachzuhalten. Es soll kein Dokument des Hasses auf alles Russische sein, sondern eine Geschichte erzählen, in der man mitfühlen und verstehen kann, wie es für mich war, als ich – eine von 41 Millionen Ukrainerinnen und Ukrainern – im Krieg erwachte.

23. Februar – der Tag vor der Invasion

Heute bin ich ziemlich spät aufgewacht. Kein Wunder, ich fühle mich noch schlapp. Der erste Blick aus dem Fenster: Was für ein schöner Tag. Die Sonne scheint, der Frühling hat sich ein ganz klein bisschen angekündigt. Jetzt am Kiewer Meer zu sein und dem Glitzern des Wassers zuzusehen, das wäre schön. Warum musste ich mich nur erkälten? Wenigstens kein Corona. Wie gerne wäre ich gestern bei Ksjuschas Hochzeit gewesen, sicher ein rauschendes Fest. Ich brauche dringend Trost. Fran, wo steckst du? Das stolze Tier lässt sich mal wieder eine Weile bitten. Ich schmuse mit ihm, er weniger mit mir. Kater sind nicht zum Schmusen geboren, glaube ich.

Ein zäher Tag. Bloß keine Eile. Kaffee gekocht und getrunken. Kaffee hilft immer. Der Tag kann beginnen.

Nein, kann er nicht, es hat keinen Zweck. Ich arbeite auch heute nicht, daran ist nicht zu denken. Schon das Zähneputzen kostet mehr Kraft als sonst. Ich habe alle Kurse und den Online-Unterricht verschoben, auch erneut das Interview mit dem ZDF.

Seit einem halben Jahr arbeite ich selbstständig. Der Morgenkaffee ist fester Bestandteil meiner täglichen Routine. Vor der Arbeit noch in Ruhe eine Tasse zu genießen, ist ein

Zeichen dafür, dass alles in Ordnung ist. So wie an diesem Morgen, obwohl ich krank war.

Zurück ins Bett, auch ganz schön. Vielleicht schaffe ich es eines Tages, nicht gleich morgens wie besessen in den sozialen Medien zu stöbern. Viele Fotos von Ksjuschas Hochzeit sind da. Ein glückliches Paar. Wirklich schade, dass ich nicht dort sein konnte. Umso fleißiger habe ich die Fotos gelikt. Glückwunsch, alles Gute euch!

Es gibt neue Witze über Putin. Lisa schickte mir ein Video, in dem er sagt: „Wir müssen die Unabhängigkeit der Republiken Luhansk und Donezk anerkennen." Jaja, damit sie unter russische Kontrolle geraten. Eine ukrainische Großmutter erwidert: „Gott, wie verkorkst du bist!"

Ich fragte Lisa, meine Freundin in Kiew, wie es ihrer Familie geht, die seit acht Jahren unter russischer Besatzung in Sjewjerodonezk in der Oblast Luhansk in der Ostukraine lebt, wo Putin die Separatisten unterstützt. Lisa wirkte traurig und beunruhigt. Denn mit der Anerkennung der „Volksrepubliken" Luhansk und Donezk zeichnete sich eine Eskalation ab. Den Dialog habe ich in mein Tagebuch eingetragen, weil er zeigte, dass wir die Gefahr kannten, aber ihr Ausmaß falsch einschätzten.

Lisa: „Es ist bedauerlich, dass die jahrelange Propaganda ihr Ziel erreicht hat und wir einen Teil unseres Volkes an Russland verloren haben. Es gibt tatsächlich solche, die sich über die ‚Volksrepubliken' freuen, und selbst in Sjewjerodonezk sagen sie, dass sie auf ‚unsere Leute' und auf ‚Erlösung' warten. Sogar meine Patentante plappert diesen Unsinn nach. Kannst du dir das vorstellen? Ich bin schockiert. Natürlich sagen wir ihnen, dass sie doch gleich nach Russland gehen sollen. Was bringt es, noch herumzusitzen und sich zu beschweren."

Ich: „Das klingt, als ob sie auf ‚Rettung' warten und unter russischer Führung leben wollen?"

Lisa: „Ja. Leider. Solche Leute existieren immer noch. Aber die Unterstützung von wenigen gibt natürlich Russland nicht das Recht, unser Territorium zu beanspruchen. Aber dank der Unterstützung einiger unserer eigenen Leute ist nun genau das passiert."

Ich: „Wie geht es dir gerade in Kiew? Würdest du lieber irgendwo im Westen wohnen, wo es ruhig ist?"

Lisa: „Ich denke, in Kiew ist die Welt noch in Ordnung, und so wird es auch bleiben. Um irgendwohin zu gehen, braucht man einen Plan, man muss sich eine Arbeit suchen und die Lebensweise komplett ändern. Und meine Familie wird immer noch in der Ukraine sein. Momentan will ich das nicht. Aber ich denke, wir werden für ein bis zwei Monate gehen und dann wiederkommen. Und du? Möchtest du das Land verlassen?"

Ich: „Nein, will ich nicht."

Mir schwant nichts Gutes. Ich habe das Gefühl, dass Lisa und ihr Freund Kiew verlassen wollen. Das wäre traurig, ein Verlust für mich, ich mag und schätze sie. Es ist beschämend, was Russland mit seinen dauernden Drohungen bei uns anrichtet, auch in meinem Freundeskreis. Die Russen mischen sich ständig in unser Leben ein. Ich habe keine Angst, auch nicht vor einem Krieg, ich bleibe.

Mein Gefühl in Bezug auf Lisa hängt mir nach. Ich muss auf andere Gedanken kommen. Ein Spaziergang an der frischen Luft wird mir guttun. Trotz des Fiebers.

Ich war eben in unserem kleinen Park und fütterte Eichhörnchen mit Haselnüssen aus Mamas Garten. Sie hat uns viel zu viele mitgegeben, wir schaffen sie nicht – und Fran mag keine. Nun gehe ich von Zeit zu Zeit in den Park und verfüttere sie an Eichhörnchen, die überhaupt keine Angst mehr vor Menschen (wie mir) haben und die Nüsse aus meiner Hand nehmen. Ich habe einen besonderen Service für die Tiere. Ich habe die Nüsse schon geknackt, sie können sie sofort essen und haben keine Arbeit damit. Oder sie vergraben sie in der Erde für Notzeiten, wenn sie hungrig sind. Das ist zumindest meine Theorie. Ich bin keine Expertin für Eichhörnchen.

Wie ich diesen Park liebe! Ich kann es kaum erwarten, bis es wärmer wird, damit ich wieder draußen joggen kann. Besonders schön ist es früh am Morgen, wenn die ersten Leute zur Arbeit gegangen sind und der Rest noch schläft. Dann herrscht eine besondere Stille, nur die Vögel singen. Und Eichhörnchen flitzen umher und treffen ihre Ernährer. Ich bin nämlich nicht die Einzige, die sie füttert.

Da fällt mir die Frau von neulich ein. Sie brachte Futter zum „Katzenheim", das jemand aus der Nachbarschaft für streunende Katzen gebaut hat. Jeden Tag bringen Kiewer Futter vorbei. Wie die Frau mit der großen Tüte. Ihr folgten fünf Katzen, die die Frau wohl schon kannten. Sie wussten offenkundig, was sie in der Tüte hat, und rieben sich in Vorfreude auf das Mahl an ihren Füßen.

Der Spaziergang tat gut. Ich fühle mich besser. Ich muss wieder an Lisa denken. Sie heiratet Ende April im zentralen Standesamt, dem schönsten in Kiew, es ist sogar leicht pompös. Ich soll fotografieren, auch das Fest. So viele Hochzeiten. Gestern Ksjuscha, im April Lisa, im Juni das Pärchen von meiner alten Arbeit. Wer noch? Nun habe ich eine Hochzeit verpasst, zu den anderen will ich auf alle Fälle hin! Komme, was da wolle. Es bleibt genug Zeit, feierliche Kleider auszuwählen. Ich möchte schick aussehen. Grins.

Filmabend. Die Folgen unserer Lieblingsserie „The Ozarks" haben wir alle gesehen. Welcher Film soll es denn heute sein? Ich schlage einen mit Brad Pitt vor. Ich ahnte es schon, mein Freund reagiert nicht gerade begeistert. Er stellt zwei Filme zur Auswahl, beide drehen sich um den Krieg: „Fury" [lief in Deutschland unter „Herz aus Stahl"], in dem Brad Pitt die Hauptrolle spielt, oder „Allied" [„Vertraute Fremde"]. Nach der Ansicht der Trailer scheidet „Fury" aus – trotz Brad Pitt, das Sterben und Zerstören ist mir zu heftig. Also „Allied". Es geht darin zwar auch um den Krieg, aber immerhin gibt es eine dramatische Liebesgeschichte. Sie fängt romantisch an, alles geht gut, ehe es zum tragischen Ende kommt. Ich fand den Film klasse und sagte zu meinem Freund:

„Stell dir nur vor, was wäre, wenn wir einen echten Krieg hätten?"

Mein Freund antwortete: „Wer weiß. Aber denke daran, dass es nur ein Film ist …"

Ich weiß noch, dass ich mit diesem Gedanken eingeschlafen bin.

Der 23. Februar war eigentlich ein völlig normaler Tag ohne jegliche Besonderheiten, im Grunde nichts fürs Tagebuch. Einige Erlebnisse und Gedanken habe ich erst nachträglich niedergeschrieben, damit ich mich auch noch in dreißig oder fünfzig Jahren daran erinnern kann, was ich am Tag vor der Invasion getan habe, wie es war, in Kiew Eichhörnchen zu füttern. Der Albtraum wird nämlich in der Rückschau noch albtraumhafter: Bis zum 23. Februar hatte ich ein völlig normales Leben.

Auch Lisa hat den Kriegsbeginn in Kiew erlebt. Die Hochzeit fand nicht statt. Lisa lebt inzwischen in Zürich, ihr Freund durfte, wie alle anderen jungen Männer, die Ukraine nicht verlassen.

24. Februar – Tag eins der Invasion

Seit heute Morgen weiß ich: Ein einziger Satz kann alles verändern, ein ganzes Leben auf den Kopf stellen, einen Menschen in Angst und Panik versetzen. „Steh auf, es hat begonnen." Der Satz hat sich in mein Gehirn eingebrannt. Ich werde ihn niemals vergessen und noch meinen Enkeln zitieren.

Es ist gegen fünf Uhr morgens. Ein seltsamer Lärm hat mich geweckt. Das Geräusch war mir fremd, ich hatte so was noch nie gehört. Ein seltsames Krachen, brachial und metallisch, als würde ein Riese etwas schmieden. Anton tippt auf einen Unfall in der Fabrik nahe unserer Wohnung, wo Metall zu irgendwelchen Ersatzteilen verarbeitet wird. Ich glaube, es ist etwas anderes. „Na gut", sagt er.

Ich denke eine Sekunde an Krieg, verwerfe den Gedanken schnell wieder, er erscheint mir zu irreal. Kiew ist sicher! Der Versuch aufzustehen, er scheitert. Das Fieber ist nicht weg, nun rächt sich, dass ich mir tags zuvor so viel zugemutet habe. Aber die Eichhörnchen brauchten ihre Nüsse. Ich bin schlapp und denke, ich sollte noch ein wenig schlafen.

Im Nachhinein glaube ich, dass ich im Unterbewussten doch wusste, was das für Geräusche waren, und mich in den Schlaf geflüchtet habe. So wie bei Kummer nach einer

unglücklichen Liebe oder nach dem Tod eines geliebten Men-
schen. Man schläft, weil man im Dämmerzustand alles ver-
gisst, und in der törichten Hoffnung, dass nach dem Auf-
wachen alles vorbei ist, der Schmerz vorbei und aus der Welt.

Ich bin tatsächlich noch einmal eingeschlafen, allerdings
mit mulmigem Gefühl. Es ist das seltsame Geräusch, das
mich irritiert, es gehört nicht in diese Welt.

Nach wenigen Minuten kommt Anton ins Schlafzimmer
und sagt den Satz: „Steh auf, es hat begonnen."

Ich fühle mich tonnenschwer. Aufzustehen kann ein Kraft-
akt sein.

Eine Spirale kam in Gang: Angst. Panik. Angst. Panik.
Irgendwann stand sie still, und ich habe nichts mehr gefühlt
außer Leere im Kopf. Ich habe keine Erinnerung daran, was
mein erster Gedanke war, als ich zu mir kam, außer: Krieg,
ich bin im Krieg. Die Ukraine befindet sich im Krieg.

Die Beiträge in den sozialen Medien bieten viele Versionen der neuen Realität. Alle haben die Explosionen gehört, in verschiedenen Teilen der Stadt. Es kursieren die
unterschiedlichsten Vermutungen. Von militärischen Tests
ist die Rede, auch von einem Putsch einer pro-russischen
Untergrundbewegung ist die Rede. Andere vermuten: Russland hat die Ukraine angegriffen. Darf ich mir eine Version
raussuchen? Nein, darf ich nicht.

5.30 Uhr. Kein Kaffee heute Morgen, lieber Tee mit Zi-
trone und Honig. Wegen der Erkältung und des Fiebers.
Kiew ist sicher! Kiew ist sicher? Kiew wird bombardiert. Ich
bin müde und krank. Gestern ging es mir gut, ich habe die
Nacht durchgeschlafen, der Husten hat mich nicht mehr so

gequält wie die Nächte zuvor. Es sollte mir besser gehen. Aber das Fieberthermometer zeigt wieder 38,5 Grad. Unglaublich, was da draußen geschieht. Hat Russland die Ukraine angegriffen? Unvorstellbar. Aber zum Glück: Kiew ist sicher!

Alles in mir rebelliert, die Realität anzuerkennen. Nein, ich ziehe mich nicht an. In Pyjama und gemütlichen, warmen Socken schaue ich aus dem Fenster, während mein Freund im Internet recherchiert, um an mehr Informationen zu kommen. Der erste Blick nach draußen an diesem Morgen: Das Viertel ist schon auf den Beinen. Die Nachbarn vom Haus gegenüber sind dabei, ihre Koffer in das Auto zu packen, um rasch aus Kiew zu verschwinden. Ich bin schockiert. Die neue Zeitrechnung hat begonnen, während ich im Schlafanzug Tee trinke und vor Fieber oder Angst oder beidem zittere. Ich weigere mich weiter, die neue Realität anzuerkennen. Ich will es nicht wahrhaben und stelle meinem Freund Fragen, viele Fragen, für die er keine Antworten hat und auch nicht haben kann. „Wieso? Was machen die Leute? Was passiert mit ihnen? Wohin wollen sie so früh? Wohin fahren sie? Was soll das alles bedeuten? Gibt es was Neues in den Nachrichten?" – „Nein", meint er. „Nur dass es viele Explosionen in verschiedenen Städten gleichzeitig gegeben hat. Aber nur auf militärischen Anlagen."

Wir glauben weiter an unser Mantra: Kiew ist sicher, es gibt keinen Krieg in der gesamten Ukraine. „Putin will uns bestimmt nur Angst machen. Ich kann mir nicht vorstellen, dass er einen großen Krieg anfängt und Zivilisten bombardiert", sagt Anton. Das klingt beruhigend, mein Freund kennt sich aus. Das mulmige Gefühl will trotzdem nicht aus meinem Magen weichen. Ich antworte: „Na ja, das hoffe ich sehr. Das ist aber dennoch ganz schön seltsam, was gerade passiert."

Die Zeit steht still. Es ist sechs Uhr. Erst eine einzige Stunde ist rum seit der ersten Explosion. Fran schläft. Der Kater hat Nerven. Wie schafft er das nur? Ich wäre jetzt gerne eine Katze, frei von Angst und Sorgen.

Das Frühstück fällt aus. Uns ist der Appetit vergangen.

Wir sitzen auf dem Sofa und fangen an zu überlegen, was wir machen sollen, wenn der Krieg ausgebrochen ist. Ich durchlebe einen Gefühlsmix aus Trauer, Ärger und Wut – nicht der erste und nicht der letzte. „Sollen wir auch weg?", frage ich. Wenn ein Flughafen noch funktioniert, können wir irgendwohin fliegen. Aber der internationale Flughafen ist schon von Bomben getroffen worden. Die Ausweglosigkeit versetzt mich in Panik. Es klingt verrückt: Ich habe in dem Augenblick noch mehr Angst bekommen, als mir klar wird, dass ich panische Angst habe.

Die Spirale dreht sich schneller. Hierbleiben oder zu meinen Eltern? Hierbleiben oder zu meinen Eltern? Hierbleiben oder zu meinen Eltern? Hierbleiben oder zu meinen Eltern? Es kreist in meinem Kopf und hört einfach nicht mehr auf. Keine Ahnung, ob es auf dem Land wirklich sicherer ist. Gibt es im Krieg überhaupt Sicherheit? Ich denke, dass es besser ist, wenn wir alle zusammenbleiben, in der Familie. Das gibt ein Gefühl von Zusammenhalt und Sicherheit.

Anton bekommt eine Nachricht von seinem Chef: „Guten Morgen. Heute arbeiten wir alle von zu Hause. Wenn überhaupt. Um 11.00 Uhr haben wir ein Online-Meeting mit Kollegen aller Filialen in der Ukraine. Wir besprechen, wie es weitergeht." So schnell reagiert er? Ich bin erstaunt. Ist denn schon klar, was überhaupt los ist? Offenbar. Ich vermute, trotz der frühen Stunde schläft kein einziger Ukrainer mehr.

Die ersten Kurznachrichten treffen bei mir ein. Lisa schreibt mich über Telegram an: „Wie geht es dir? Wir sind schon rausgegangen, wollen was zum Essen besorgen und zum Geldautomaten, um Bargeld zu holen. Die Schlangen sind schon lang (6.20 Uhr!!!). Meine Mama sagt, dass wir lieber zu Hause bleiben sollen." Ich staune über Lisas Klarheit. Alles ist verständlich formuliert, als hätte sie einen Plan und sei ganz ruhig. Allein die sonstigen Smileys, Emojis und Fotos fehlen. Ich antworte, dass man einen Koffer packen und zu den Eltern fahren sollte, aber ich nicht sicher bin, was richtig ist.

Anton ruft seine Mutter an, ich meine. Ich sage Mama, dass wir vielleicht heute kommen. Es ist irre, weil es so klingt, als würde ich einen Besuch für den späten Nachmittag ankündigen, damit sie genug Zeit hat, einen Kuchen zu backen. Mama beruhigt mich für einige Minuten. Ich weiß nicht, welche geheimnisvolle Kraft in Müttern steckt, dass sie es schaffen, einem Kraft zu geben, selbst in schlimmsten Zeiten. Meine Mama kann es. Wir reden über das, worüber in diesen Minuten das ganze Land spricht: Was machen wir jetzt? Wohin gehen wir? Die Fragen füllen die Leere, die wir kollektiv empfinden angesichts des Kriegsbeginns. Wir sind mit der Suche nach einer Antwort so sehr beschäftigt, dass wir vergessen, auf Putin und seine Armee zu schimpfen, sie zu verfluchen und zu verdammen. Wir leben nur im Jetzt und Hier. Mama sagt: „Kommt her."

7.00 Uhr. Unser Präsident hat sich an alle seine Landsleute gewandt und erklärt: „Russland hat die Ukraine angegriffen." Keine Vermutungen mehr. Keine Drohungen oder Verhandlungen. Ein echter Krieg mit Panzern, Raketen und anderen Waffen hat angefangen. Normalerweise vertreibt Klarheit böse Gespenster. Hier ist es umgekehrt. Die Klarheit macht alles nur noch gespenstischer. Und ich habe kein Mittel, die bösen Geister zu vertreiben.

„Wir werden uns zur Wehr setzen, nicht angreifen, sondern uns verteidigen", sagt Präsident Selenskyj. Er wirkt entschlossen und ohne Angst. Das ist gut, auch wenn es nichts daran ändert, dass sich die Ukraine im Krieg befindet.

Die Displays von Millionen Handys in der Ukraine müssen spätestens jetzt voll sein mit Anzeigen von Anrufen, die im Nichts landeten, und Nachrichten, die alle nur ähnlich klingen konnten: „Der Krieg hat begonnen." – „Wir werden bombardiert." – „Ich habe Explosionsgeräusche gehört." – „Anscheinend sind die Russen da." – „Was macht ihr jetzt?"

Ich rufe Bohdan an. Er hat sich ein Beispiel an Fran genommen und den Kriegsbeginn verschlafen. Er ist erst um 7.30 Uhr durch das Klingeln seines Telefons wach geworden – seine Mutter hat ihn aus Tscherkassy angerufen. Sogar dort, in der Provinz, wussten schon alle, was passiert ist. Wir sind dicke Freunde, haben immer stundenlang gequatscht. Heute Morgen finden wir keine Worte und schweigen. Das Gespräch, das eigentlich gar keins ist, endet schnell.

Bohdan wohnt seit 2008 in Kiew. Wir sind eng befreundet.
Der Tank unseres Autos ist fast leer. Warum gerade jetzt? Wenigstens der Zufall hätte ein bisschen helfen können, es uns einfacher zu machen. Aber es ist, wie es ist. Bald nach der Ansprache des Präsidenten verlässt mein Freund die Wohnung. Er will zur Tankstelle, für alle Fälle. Tausende oder Zehntausende haben denselben Gedanken, es gibt schon riesige Schlangen von Autos zwischen den Zapfsäulen und dem Irgendwo in Kiew. Später erfahre ich, dass die Wartezeiten bis zu fünf Stunden betragen haben. Der Preis für Benzin und Diesel steigt immens.

Allein in unserer Wohnung zu sein, ist brutal. Ich lerne, dass selbst ein Albtraum noch steigerungsfähig ist und an Boshaftigkeit zunehmen kann. Die Zeit allein in der Wohnung bedeutet, allein mit meiner Angst zu sein. Aber ich weiß, dass sich das Auto nicht von allein auftankt. Also warte ich auf Antons Rückkehr. Hoffentlich mit vollgetanktem Wagen. Ein vollgetanktes Auto ist ohne große Bedeutung im normalen Leben. Nun, im Krieg, bedeutet es die Chance, seine Haut zu retten, zu fliehen. Und dann? Ein neues Leben anfangen? Und wo? Kiew ist meine Stadt.

Eine Sirene ertönt, ich glaube, zum ersten Mal an diesem Morgen. Schockstarre. Ich gerate in einen Zustand, in dem alles Lebendige in mir gefriert, auch mein Hirn. Diesen Ton des Wahnsinns habe ich nie zuvor im Leben gehört. Er landet direkt in der Magengrube. Sirene, was willst du mir sagen? Ich kann nichts denken, bis ich mich wieder fange und sich die Starre löst. Soll ich das irre Geheule als Zeichen verstehen, Sachen zu packen und schnell abzuhauen?

Oder dass es schon zu spät ist und in einigen Sekunden eine Rakete einschlägt? Was soll ich tun? Was sollen wir tun? Später, als der Ton längst verklungen ist, kommt in den Nachrichten, dass wir, sobald Sirenen zu hören sind, sofort die Wohnungen verlassen und in einen der Bunker gehen sollen. Im Internet ist eine Karte, in der sie verzeichnet sind: U-Bahn-Stationen und speziell hergerichtete Luftschutzräume. Wer nicht dort sein wolle, solle den Keller seines Hauses aufsuchen. Aber nicht in der Wohnung bleiben.

Ich habe nach wie vor den Pyjama an, mit dem ich nicht in den Bunker gehen kann. Aber ich habe keine Kraft und Lust, mir etwas anzuziehen und Normalität vorzutäuschen. Soll ich Koffer packen? Aber ich will ja gar nicht weg. Nicht jetzt. Und nicht so. Ich bewege mich langsam wie eine Schnecke, bin total apathisch. Fran kapiert weiterhin nichts und schläft in seinem Katerbettchen. Ich fühle mich schwach und will mich auch hinlegen. Aber dann sage ich zu mir: Nee, ich muss mich zumindest umziehen und das Nötige für den Kater zusammensuchen, falls wir die Wohnung verlassen müssen. Immerhin habe ich es geschafft, mich umzuziehen. Sportsachen. Das passt ein bisschen zum Krieg.

Ich habe mich nicht beeilt, unsere Sachen zu packen. Erst einmal abwarten. Vielleicht geht es ja doch schnell vorbei. Vielleicht gibt es ein Erwachen aus diesem Albtraum. Wieso Krieg? Wieso Krieg im 21. Jahrhundert? Ein Land greift ein Nachbarland an, schickt Soldaten über die Grenze, um zu töten, wirft Bomben auf Städte, zerstört Familien und füllt Friedhöfe.

Stunden vergehen. Die Spirale dreht sich wieder: hierbleiben oder zu meinen Eltern? Als neuer Gedanke kommt dazu: oder Richtung Westen? Es ist zum Wahnsinnigwerden. Ich bin todtraurig, allein, einsam. Meine Wohnung, die ich liebe, ist ein Gefängnis. Ich bin gefangen in meiner Spirale aus den immer selben Fragen. Die Stille in unserer Wohnung ist gruselig. Stille passt nicht zum Krieg. Nur Fran interessiert das alles nicht. Er lebt sein Leben wie immer. Im nächsten Leben will ich Katze sein. Oder Kater. Das hat was.

Meine Hilflosigkeit lähmt mich. Sie zieht mich runter und macht alles nur noch schlimmer.

Endlich, Anton ist zurück. Er hat aufgegeben und nicht getankt. Aber er ist gesund zurück. Mit ihm zu reden, ist gut, es vertreibt die Stille. Die Spirale steht für einige Minuten still. Dann dreht sie sich wieder. Wir beraten und merken bald, dass es sinnlos ist, irgendeinen Plan zu schmieden, weil wir nicht wissen, wo es sicher ist und wo nicht. Wird Kiew bombardiert? Dann also nichts wie weg. Es kann aber sein, dass wir irgendwohin fahren und dann dort die Bomben fallen, während es in Kiew ruhig bleibt. Und was machen wir dann? Es ist der absolute Wahnsinn. Krieg ist der absolute Wahnsinn.

Meine Hand und mein Smartphone sind dicke Freunde geworden, untrennbar. Ich schaue ständig nach neusten Nachrichten, immer in der Hoffnung auf irgendeine frohe Kunde. Aber niemand sagt: Entspannen Sie sich wieder, es war ein Versehen. Im Gegenteil verkünden die Nachrichten immer nur weitere Hiobsbotschaften, die mich aufwühlen und Panik und Wut verursachen. Wir dachten einfach nicht, dass es wirklich passieren würde. Naivität? Vielleicht. Es ist jetzt nicht die Zeit, darüber nachzudenken.

Langsam bin ich gefasster und klarer im Kopf, auch die Angst kriege ich allmählich in den Griff. Ich begreife es allmählich: Das Leben hat sich geändert, Antons, meines, das aller Ukrainer. Was früher war, zählt nicht mehr, ist total unwichtig. Das Gestern ist schon ausgelöscht. Es zählt nur das Jetzt und Hier, die Minute, in der wir leben, denn schon Sekunden später kann eine Rakete unser Haus treffen. Ich weiß nicht, was schlimmer ist: die Angst oder nicht zu wissen, was in einer Minute und in einer Stunde ist.

Ich hatte tatsächlich vergessen, was ich am Tag vor der Invasion gemacht hatte, dass ich im Park war, die Eichhörnchen gefüttert habe, wem ich zugelächelt und mit wem ich – wenn überhaupt – gesprochen habe, worüber und warum, ob es lustig oder traurig war, wichtig oder belanglos. Alles war leer, inhaltslos, schwer und traurig in diesen Stunden der Angst. Es ist unvorstellbar, was Todesangst mit einem Menschen anstellt. Es ist fast eine Art Nahtoderfahrung, weil man sich nicht dagegen wehren kann, auch ans Sterben zu denken. Man sitzt in seiner Wohnung und weiß nicht, wer gerade auf wen schießt, wohl aber: Es kann mich in der nächsten Minute treffen – und ich bin hilflos und kann nichts dagegen tun außer: hoffen.

Mir kommt die WhatsApp von Stephie, meiner lieben Bekannten, die beim ZDF arbeitet, in den Sinn. Sie hatte mir vorgestern Abend geschrieben. „Liebe Julia, hast du gehört, was Putin gerade in seiner Rede gesagt hat? Das klingt alles nicht gut. Willst du nicht zurück nach Deutschland?" Stephie wollte mit mir ein Interview führen, wie sich die Leute in Kiew fühlen, welche Gedanken und Ängste sie haben, ob sie glauben, dass Putin einen Krieg beginnen wird. Krieg? Hier in Kiew? Kiew ist sicher. Ich verstand nicht sofort, was sie meinte, da ich krank war und mir völlig andere Dinge im Kopf herumspukten, meine Erkältung, die Hängepartie mit Anton, die Arbeit. Ich antwortete ihr, dass ich im März für eine Woche nach Düsseldorf wolle, um meine Freunde zu besuchen, aber noch keine Flugtickets gekauft habe. Welche Rede Putins meinte sie eigentlich? Der redet doch ständig. Stephie erklärte es mir, ich hatte das Gefühl, dass sie aufgeregt war: „Die Rede war ganz, ganz furchtbar. Okay, Hauptsache, du hast kein Corona. Schlaf gut und gute Besserung."

Ich habe dann sofort ins Internet geschaut und die Rede gefunden, war empört und aufgewühlt. Er hat die Ukraine so dargestellt, als sei sie eine Gefahr für die ganze Welt. WAAAS? Bist du verrückt, MANN? Ich habe Putins Aussagen trotzdem nicht für voll genommen und dachte: Typisch, die Deutschen, immer vorsichtig und alles übertreiben. Aber klar rede ich gerne mit dem ZDF und sage, dass das alles nicht so schlimm ist, wir guter Dinge sind.

Wir hatten uns verabredet, dass ich am nächsten Tag ein Interview gebe, wenn ich mich fit fühle. Was nicht der Fall war, das Sprechen fiel mir zu schwer.

Immer neue Nachrichten von Freunden und Bekannten aus der gesamten Ukraine und aus Deutschland trudeln ein. Alle fragen das Gleiche: „Wie geht es dir und deiner

Familie? Habt ihr Pläne?" Beschissen. Nein. Aber ich antworte freundlich und frage meinerseits, wie es geht und wie der Plan ausschaut.

Wir wissen noch immer nicht, was wir tun sollen. Nur so viel: Wollen wir mit dem Auto weg, brauchen wir einen vollen Tank. Anton fährt wieder los und sucht eine Tankstelle, an der er nicht fünf Stunden stehen muss. Dieses Mal hat er Erfolg und kommt relativ schnell zurück. Eingekauft im Supermarkt hat er auch. Ich bin ihm dankbar.

Mich beschleicht das Gefühl, dass wir zwei die Einzigen sind, die noch in der Stadt verweilen. Ganz Kiew versucht, die Autos vollzutanken, genug Lebensmittel für die nächsten Tage zu kaufen, Bargeld aus Bankautomaten zu ziehen und abzuhauen. Überall bilden sich riesige Schlangen von Autos und Menschen. Auf den Autobahnen geht nichts mehr, die Staus sind Dutzende Kilometer lang. Es ist klar, dass viele Menschen in ihren Autos übernachten müssen. Ob das sicher ist?

Endlich eine Entscheidung und irgendwie auch Erleichterung, eine Wahl getroffen zu haben: Wir bleiben in der Wohnung, weil es schon dunkel ist und keinen Sinn macht, sich auch noch in die Staus zu stellen und dann bei der Kälte im Auto zu pennen. Was soll das bringen? Morgen ist auch noch ein Tag. Falls wir die Nacht überleben. Dann überlegen wir am Morgen, wie es weitergehen soll, was immer „weitergehen" bedeutet. Die Spirale kommt zum Stillstand. Ich bin jetzt recht ruhig und klar im Kopf, begreife endlich das Ausmaß der Tragödie, dass Russland die ganze Ukraine einsacken und uns die Freiheit nehmen will.

Erst spät am Nachmittag schreibe ich meiner Freundin Nadja in Worsel. Sie wohnt nah bei meinen Eltern. Ich frage sie, wie es ihr gehe und was sie zu den fürchterlichen Nachrichten sage. Sie ist ebenso deprimiert wie ich. Wie könnte es auch anders sein? Ich habe ihr ein Video mit ersten gefangenen russischen Soldaten geschickt. Einer von ihnen wird gefragt, warum er in die Ukraine gekommen ist und welches Ziel die russische Armee hat. Er antwortet, dass er keine Ahnung hat. Befehl ist Befehl. Töten auf Befehl. Was für ein Idiot!

Nadja ist eigentlich immer positiv gestimmt. An diesem Morgen ist sie traurig. Ich weiß, dass sie viele Pläne und Träume hat, oder besser: hatte. Sie schreibt mir: „Gerade beginnt der Frühling. Endlich wird es wärmer. Ich hatte mich schon so auf die warmen Tage gefreut. Und was haben wir jetzt?! Große Trauer im ganzen Land. Mein Gehirn und meine Psyche wollen das einfach nicht akzeptieren. Vielleicht werde ich verrückt. Oder bin ich es schon? Wir kriegen das aber hin. Müssen wir einfach. Wir müssen uns auch eine schöne Zeit im Frühling machen, in einem friedlichen Land. Und im Sommer fahren wir in die Karpaten …"

Wir sind traurig und verwirrt. Nadja meint es gut, aber für den Gedanken an friedliche Zeiten ist gerade kein Platz in meiner Seele. Ich bin auch nicht sicher, ob Nadja wirklich glaubt, was sie schreibt.

Es geht auf Abend zu, ich habe weiterhin keinen Appetit, mein Mund ist trocken. Die Erkältung spüre ich wenig, obwohl sie noch da ist. Kann man eine Krankheit einfach vergessen? Die Angst hat sich gelegt, ich bin aber immer noch sehr aufgeregt und verstehe weiterhin nicht, wieso Fran all das nichts ausmacht. Er schleicht durch die Wohnung oder pennt ganz in der Nähe meines Alarmrucksacks mit den notwendigsten Dingen drin. Kater fühlen sich von Hunden bedroht, greifen sie an oder hauen vor ihnen ab – aber nicht vor Bomben. Was soll's? An diesem Abend verstehe ich die Welt der Menschen nicht, warum soll ich mir dann auch noch den Kopf zerbrechen über die Welt der Tiere?

Ich hätte das Zubettgehen am allerliebsten weit aufgeschoben. Ich hatte große Angst einzuschlafen und noch größere vor der Nacht. Sollen wir in den Keller oder in der Wohnung bleiben? Was für eine Wahnsinnsfrage! Normalerweise reden wir um die Zeit, was wir essen oder welchen Film wir sehen wollen. Und nun lautet die Frage: Keller oder Wohnung?

Das klingt, denke ich heute darüber nach, fast wie der Name einer Quiz-Show. „Keller oder Wohnung? Heute mit Julia Solska und ihrem Freund." Inzwischen kann ich darüber lachen. Am 22. Februar wäre mir das nicht in den Sinn gekommen.

Für den Fall der Fälle haben wir warme Decken, Schlafsäcke, Iso-Matten, Mützen, Schals und Socken in den Keller getragen. Wir haben auch für den Kater alles vorbereitet, da er auf jeden Fall mitkommt, wenn etwas passiert. Wir können ja nicht wissen, wie lange wir im Keller ausharren müssen. Wir sitzen schweigend in der Wohnung und erwarten jede Minute das Geheul der Sirenen. Gott sei Dank ertönen sie nicht.

Wir beschließen, in der Wohnung zu bleiben und hier zu schlafen. Fran merkt immer noch nichts, läuft wie gewohnt herum und wartet auf das Abendessen.

Von Lisa trifft eine Nachricht ein. Sie ist mit ihrem Freund schon weg, raus aus Kiew. Sie haben sich gleich am Morgen dazu entschlossen, Kiew zu verlassen, Richtung Westen zu fahren und ins Ausland zu gehen. Als sie nahe der Grenze zu Polen in der Warteschlange stehen, kommt im Radio die Nachricht, dass Männer das Land nicht mehr verlassen dürfen. Sie bleiben in der Westukraine.

Anton überredet mich, doch etwas zu essen. Gut so. Das Abendessen bringt ein klein wenig Normalität. Wir haben leckere Steaks gebraten und den Tisch fein gedeckt. Ich habe einen Salat gemacht. Dazu trinken wir trockenen Rotwein. Irgendwie ist es sogar ganz schön. Wir denken: Falls das unser letzter Abend ist, dann wollen wir den Augenblick bis zuletzt genießen.

Mittlerweile quält mich am meisten die totale Unklarheit, was kommt. Ich bin in Klamotten ins Bett, jederzeit bereit, schnell aufzustehen und ins Auto zu springen. Im Bett merke ich, dass man eine Krankheit doch nicht vergessen kann. Mir geht es nicht gut, ich bin sehr aufgeregt, und – ja – ich habe auch wieder Angst.

DAS WAR DER LÄNGSTE TAG MEINES LEBENS. Er kann nicht nur 24 Stunden gehabt haben.

Der Krieg hat begonnen. Es ist schon spät. Hoffentlich kann ich einschlafen.

25. Februar – Tag zwei der Invasion

Ich weiß jetzt, was Geisterstunde bedeutet, obwohl ich weder verrückt bin noch an Gespenster glaube. Alles ist still und ruhig, aber man weiß, da ist irgendetwas, etwas Böses und Bedrohliches, es ist überall, am Boden, in den Seen und Bächen, in der Luft, es kraucht durch Wälder, wälzt sich über Felder und Wege, gleitet über Wasser und schwirrt durch die Lüfte. Man sieht und riecht es nicht, kann es nicht greifen, spürt es aber ständig. Es ist da, verbreitet Angst und Schrecken. Man kann dem Spuk nicht entkommen und fühlt die Gefahr.

In der Nacht ist es unheimlich still gewesen, gespenstisch still. Keine Sirenen, keine Explosionen, kein Garnichts. Die Stille ist mindestens genauso brutal wie der Lärm der Explosionen. Das Geräusch einer Detonation versteht man wenigstens. Man kann damit bewusst umgehen, es bewerten, einschätzen, Schlüsse ziehen. Ist es weit weg, ist auch die Gefahr weit weg. Aber die Stille ist ein einziger Betrug, ein fieses Täuschungsmanöver. Sonst ist sie die Sprache des Friedens, eines Idylls. Nun ist sie purer Fake, suggeriert, dass nichts ist. Aber da ist was. Nämlich der Krieg. Nur eben so weit weg, dass man ihn nicht hört.

Nun weiß ich es, wie sich der Krieg anfühlt, und kann zum ersten Mal nachempfinden, was meine Großmutter von den Nazis erzählte, als sie über Worsel herfielen.

Die Nacht war die milde Version eines Albtraums. Es ist ein absurder Zustand, sich sehnlichst zu wünschen, ganz schnell einzuschlafen, für einige Stunden, wenigstens Minuten, um die Gefahren und all das Schreckliche auszublenden, um zu vergessen, aber gleichzeitig genau davor Angst zu haben, weil man im Schlaf nicht kalt erwischt werden möchte.

Lieber Gott, schenke mir ein bisschen Schlaf. Weit nach Mitternacht erfüllt er meine Bitte. Ich habe fast vier Stunden geschlafen, sehr unruhig und immer auf dem Sprung, als hätte sich über Nacht mein Wunsch erfüllt, eine Katze zu sein. Zwischen 5.30 und 6.00 Uhr bin ich wach geworden, ein Mensch, keine Katze, Julia, Kiewerin, 32 Jahre alt. LEBENDIG. Auch Anton atmet. Der Tag beginnt also mit zwei guten Nachrichten: Er lebt. Ich lebe. Im Krieg verschieben sich sehr schnell die Prioritäten, ebenso das Empfinden, auf was es wirklich ankommt. Die Normalität ist eine andere. Was im Frieden ohne Bedeutung ist und einfach hingenommen wird, ist im Krieg ein Grund zur Freude. Jeder Atemzug ist ein Faustschlag in die Magengrube des Teufels. Soll er sich ruhig krümmen vor Schmerz. Auch wir leiden.

Die erste Kriegsnacht haben wir also heil überstanden, jedenfalls körperlich. Ich habe kaum die Augen auf, da ist sie wieder da, die alles beherrschende Angst vor dem Ende aller Tage, nicht nur meiner. Auch Anton geht es nicht gut. Wir reden miteinander, das vertreibt die Stille. Wir beratschlagen, was wir tun sollten. Die Spirale Kiew-Eltern-Westen kommt wieder in Gang, aber hat diesen Morgen keine Chance, sich tiefer in mich hineinzubohren. In der Ferne sind Explosionen zu hören. Aus den Nachrichten erfahren wir: Nicht weit von uns entfernt steht ein neunstöckiges Wohnhaus in Flammen. Ein abgeschossener russischer Kampfjet ist in das Gebäude gestürzt. Kiew ist nicht sicher! Wir entscheiden, nach Worsel zu reisen, unsere Eltern einzupacken und mitzunehmen, dorthin, wo es besser ist, wo immer das sein mag und was immer „besser" bedeutet.

Wir packen nur wenige Sachen ein. Lebensmittel, Pullis, jeder eine Hose, Sportsachen, Socken, Unterwäsche, Dokumente, Laptops und ich meine Kamera. Vielleicht geschieht das Wunder und der Horror hat ein schnelles Ende. Dann komme ich mit einer Hose und zwei Pullovern gut hin. Entpuppt sich der Alptraum doch nicht als Halluzination, ist es egal, was ich an Klamotten bei mir habe. Dann ist eigentlich alles völlig egal.

Julia, konzentrier dich! Vergiss nichts! Ganz wichtig: Handy und Ladegerät.

Wir machen uns Sandwiches als Reiseproviant, wer weiß, wie lange wir nach Worsel brauchen, normalerweise sind es knapp 45 Minuten mit dem Auto.

Fran kommt in eine eigene Tasche. Ich mache das letzte Foto von ihm in unserer Kiewer Wohnung. Er inspiziert den kleinen Koffer, den ich gerade packe, als wolle er hinein. Es ist das einzige Mal an diesem Morgen, dass ich lächeln kann. Der Rest des Tages ist für Tränen vorgesehen.

Wir verlassen unser gemeinsames Zuhause und schließen hinter uns die Tür. Der Schlüssel verrichtet sein Werk.

Ich schließe einen Teil meines Lebens ab und verabschiede mich im Stillen von meiner Wohnung. Mir ist bewusst, dass ich sie vielleicht nie wieder betreten werde. Ich kneife die Augen zu, um nicht zu weinen. Ich schlucke die Tränen runter, weil heulen nichts besser macht. Der Entschluss steht fest: weg aus Kiew. Denn seit gestern ist sicher: Kiew ist nicht sicher.

Wir wechseln ein paar Worte mit den Nachbarn. Sie haben im Keller übernachtet. Die Nachbarn raten uns von unserem Plan ab, auf keinen Fall sollen wir die Autobahn nehmen. Sie verweisen auf die Detonationen rund um Kiew, dass man nicht wissen könne, was die Russen gerade bombardieren. Wir zögern, schieben aber die Zweifel beiseite. Es hat keinen Sinn, wieder in die Wohnung zu gehen und endlos zu überlegen, was wir tun sollen. Sterben wir durch eine Bombe, dann ist es halt so. Aber sterben, weil mir der Kopf vor lauter Nachdenken explodiert, will ich auf keinen Fall.

Wir steigen ins Auto, einen Volkswagen Scirocco, dunkelblau. Deutsche Wertarbeit, wie die Deutschen stolz über ihre Autos sagen. Es geht los. Eigentlich ist es wie sonst auch, als würden wir ins Grüne zum Picknick oder zu unseren Eltern nach Worsel fahren. Wäre da nicht die nie abebbende Angst, die ständige Unruhe, das permanente Zittern. Ich beiße in ein Sandwich, aber der Happen bleibt mir im Halse stecken, ich kriege nichts runter.

„Russisches Kriegsschiff, fick dich!" Ukrainische Soldaten auf der Schlangeninsel sind die ersten Helden auf unserer, der ukrainischen Seite, die der Krieg geboren hat. Das Netz ist voll von dem Funkspruch, den sie über die

Wellen des Schwarzen Meers an die „Moskwa" geschickt haben. Das war ihre Antwort auf die Aufforderung des russischen Kriegsschiffs zur Kapitulation. Unsere Soldaten denken nicht daran aufzugeben und sprechen damit der ganzen Nation aus der Seele. Nein, wir geben nicht auf. Wir kämpfen, Kapitulation kommt nicht infrage. Und: Russen, fickt euch! Fahrt dahin zurück, wo ihr hergekommen seid. In die Hölle!

Auch wir kapitulieren nicht vor den Bomben. Ich staune über meinen Mut. Ich habe Angst und bin zugleich ruhig und entschlossen. Die Einsicht, nicht jedes Risiko ausschließen zu können, eine Bombe auf den Schädel zu kriegen, hat befreiende Wirkung. Die Schockstarre löst sich.

Die Autobahn Richtung Westen ist extrem voll. Nichts geht mehr, nichts bewegt sich, als wäre die Zeit stehen geblieben. Der Stau mit über 30 Kilometern Länge ist das Symbol lautloser Panik und in Blech verpackter Angst. Die Gehwege, Parkanlagen, Spielplätze sind dagegen vollkommen leer. Sie bilden einen absurden Kontrast zu den Staus.

Wir sind heilfroh, gestern in der Wohnung geblieben zu sein. Die richtige Entscheidung getroffen zu haben, tut gut. Sie dient mir an diesem Morgen als Beweis, dass wir nicht irre geworden sind. Es ist wichtig, bei klarem Verstand zu bleiben, wenn die Welt durchdreht.

Endlich haben wir es geschafft und sind heil durch das Stadtgebiet gekommen, es kam mir doch schnell vor. Ich bin aufgeregt, aber ich versuche, mich zu beherrschen und ruhig zu bleiben. Am schlimmsten ist gerade mein trockener

Mund. Es ist, als wäre der Volkswagen ein Volkskamel, auf dem wir durch die Wüste reiten. Ich sollte trinken und essen, aber kann nicht. Ich weiß, dass ich nichts runterkriege, nicht schlucken kann.

Jeder gefahrene Meter ist ein Sieg über die Angst. Die Bewegung ist besser als der Stillstand in der Wohnung, das Fahrgeräusch besser als die Stille zu Hause in Kiew. Es ist wichtig, etwas zu tun, sein Schicksal in die Hand zu nehmen, statt auf dem heimischen Sofa vor Angst zur Salzsäule zu erstarren. Die Gefahr, dass uns etwas auf den Kopf fällt, ist da. Aber ich kann mit ihr umgehen.

Wie oft bin ich diesen Weg schon nach Worsel gefahren? Alles ist vertraut und doch so anders. Der Blick auf die Häuser, Bäume und Felder ist ein anderer als sonst, voller Trauer und Abschiedsschmerz. Auf Wiedersehen, Kiew!

Hoffentlich hält uns jetzt niemand an und sagt: Kehren Sie um! Hier wird geschossen. Was dann? Sage ich dann: Das geht nicht, wir können nicht umkehren, wir haben schon unseren Müttern Bescheid gesagt, dass wir auf dem Weg sind. Sie warten mit Kaffee und Kuchen. Sind wir nicht pünktlich, machen sie sich sicher sorgen. Wollen Sie das? Nein, dann lassen Sie uns durch …?

Glücklicherweise stoppt uns niemand, die Straße ist jetzt recht leer. Autos fahren in beiden Richtungen.

Panzer, großer Gott, da sind Panzer, gleich hinter der Stadtgrenze, leicht versteckt zwischen Bäumen. Ich frage mich, warum sie sich nicht noch besser tarnen. Aber die Soldaten werden schon wissen, was sie tun. Zum Glück sind es unsere Panzer. Mir fällt ein Stein vom Herzen, als ich unsere Landesfarben auf den Kolossen erkenne. Der Anblick der Ungetüme macht mir Gänsehaut. Wir, in unserem kleinen Auto, sind Statisten eines Horrorfilms. Ich versuche es zu verstehen, zu begreifen, zu akzeptieren, was ich da sehe und was uns widerfährt. Es ist zu surreal, um wahr zu sein.

Ich fühle Scham, dass ich mich in Sicherheit bringe, während die Panzer an die Front müssen, um unser Land zu verteidigen. Ich haue ab, sie warten auf die Russen. Wie mutig sind sie – und wie feige bin ich. Ist es feige, Angst zu haben? Ich weiß es nicht.

Die Straße ist weiter leer, nur wenige Autos sind in beiden Richtungen unterwegs. Alles sieht wie immer aus. Wenn man nicht wüsste, dass hier Kriegsgebiet ist. Meine Gedanken huschen hin und her, wie die Eichhörnchen im Park. Mein Hirn fühlt sich wie ein Sieb an. Ich denke noch einmal an Kiew, an meine Wohnung, an die Nachbarn, die meinten, wir machten einen großen Fehler, als wir heute aufbrachen. Millionen Ukrainer mussten die Frage gestern und heute Morgen beantworten. Die armen Leute im Donbass. Was von dort gemeldet wird, ist unerträglich.

Auf Wiedersehen, Kiew, meine schöne Stadt!

Der Abschied fühlt sich an wie das Eingeständnis einer Niederlage, eine Kapitulation vor der Angst. Aber vielleicht ist es auch genau das Gegenteil. Denn es ist mutig, was wir tun.

Verrückt! Wie alles in diesem Krieg. Nach einer halben Stunde halten wir vor dem Haus meiner Eltern. Wir haben genauso lange gebraucht wie in Friedenszeiten. Das verstärkt nur das Gefühl des Surrealen.

Der Krieg ist ein einziges Durcheinander. Seine perversen Logiken hat er trotzdem. Die Russen rücken von der belarussischen Grenze auf Kiew vor, sie kommen von Norden. Dort liegt die Front. Niemand, der kein Soldat ist, fährt in Richtung Front. Nur Anton und ich.

Und hier soll es sicher sein?

Anton lässt mich raus und fährt weiter zu seiner Mutter.

Ich bin glücklich, meine Mama zu sehen, sie zu umarmen, ihre Wange an meiner zu spüren. Auch sie freut sich, ihre Julia bei sich zu haben, heil und unversehrt. Seltsam, sie ist wie immer, kein bisschen aufgeregt, stark und voller Energie. Wenn sie jetzt sagte, Julia, ich bin gleich fertig mit der Wäsche und dem Holzhacken, warte noch die paar Minuten, dann bin ich bei dir und mach uns Kaffee – es würde mich nicht wundern.

Verrückt! Wie alles in diesem Krieg. Seit gestern Morgen mache ich mir Sorgen um meine Mama, dass sie im Krieg umkommt. Jetzt mache ich mir Sorgen, weil sie sich überhaupt keine Sorgen macht. Mama scheint überhaupt keine Angst zu haben, sie wirkt wie immer. Fast möchte ich sie rütteln und laut schreien: Mama, es ist Krieg! Wir müssen weg, ganz schnell!

Meine Wut entzündet sich noch an etwas anderem. Meine Schwester Vika, ihr Mann und ihre zwei Kinder sind vor einer Viertelstunde abgefahren, wir haben uns knapp verpasst, möglicherweise sind wir auf der Straße nahe der Autobahn aneinander vorbeigefahren. Mama erklärt mir, dass Vika Angst um Milana hat, nicht nur wegen der Russen, sondern aus Sorge, dass es hier bald keine Babynahrung mehr zu kaufen gibt. Sie sind nach Winnyzja zu Verwandten ihres Mannes aufgebrochen. Ich frage meine Mama: „Warum hat sie nicht noch zehn Minuten auf uns warten können? Sie wusste, dass wir jeden Augenblick eintreffen." Mama sagt, dass ich Vika verstehen soll. Ich gebe mir Mühe, akzeptiere es, bin aber trotzdem enttäuscht, auch sauer. Sie hat eine einzige Schwester und wartet nicht ein paar Minuten, um ihr Lebewohl zu sagen. Niemand weiß, wann wir uns wiedersehen.

Winnyzja liegt ziemlich exakt in der Mitte zwischen Kiew und der Grenze zu Moldau. Ich habe meine Schwester seit Kriegsbeginn nicht mehr gesehen. Sie lebt mit ihrer Familie in der Ukraine.

Halb als Frage, halb als Vorwurf sage ich zu Mama: „Warum seid ihr nicht mitgefahren?! Es gab doch noch Platz im Auto!" Damit ist das Gespräch eröffnet, vor dem ich mich am liebsten gedrückt hätte, weil ich schon ahne, wie es enden wird. „Was macht ihr jetzt? Bleibt ihr hier und wartet einfach, bis eine Rakete in euer Haus einschlägt oder die russischen Panzer kommen, alles kurz und klein hauen und auf alles schießen, was sich bewegt?" Mama versucht, mich zu beruhigen, dass nichts Schlimmes passieren kann. Ich traue meinen Ohren nicht, als sie sagt: „Es gab auch schon früher Kriege, und wir sind nicht geflohen. Deine Großeltern sind auch nicht weg, als die Nazis hier waren, und haben es überlebt. Wir bleiben."

Ich bin verzweifelt, wütend, ohnmächtig, auch weil ich weiß, dass ich sie nicht werde überreden können. Wenn sie sanft, aber bestimmt redet wie eben, ist Mama nicht umzustimmen. Ich gerate regelrecht in Rage. Denn jetzt macht sie das Radio an und fängt an, Frikadellen zu braten. „Mittag", sagt sie. Waaas? Hilfe! Mama, die Russen kommen! Ich bin am Durchdrehen, könnte die Wand hinauflaufen, in den Tisch beißen vor Wut oder schreien vor Verzweiflung. Oder alles zusammen. Aufgelöst sage ich: „Es ist Krieg, und du brätst Frikadellen. Hast du die Explosionen nicht gehört?"Hat sie. Aber die Frikadellen sind ihr momentan wichtiger. Man muss ja was essen – auch im Krieg.

Tatsächlich sind ständig Geräusche von Bomben, Granateinschlägen und was weiß ich nicht alles zu hören. Ich bin todtraurig und niedergeschlagen. Ich fühle mich, als wäre ich auf einen Schlag um fünfzig Jahre gealtert, schlapp und gebrechlich. Oder besser: zerbrechlich, wie eine Figur aus Glas. Ich weiß, ich kann sie nicht umstimmen, zumal mein Stiefvater auch nicht wegmöchte. Beide sind fest entschlossen, in Mychajliwka-Rubeschiwka zu bleiben. Während wir zu dritt diskutieren und ich schon wieder dabei bin, den Verstand zu verlieren, sehe ich einen Militärhubschrauber mit einem roten Sternchen am Rumpf: Russen! Ich habe unglaubliche Angst, mehr noch als gestern in Kiew, als ich allein in der Wohnung war, und sage: „Nein, hier bleibe ich nicht, auf gar keinen Fall. Hier sterbe ich nur vor Angst!"

Im Krieg gibt es unzählige Möglichkeiten, den Tod zu finden. Aber vor Angst zu sterben – das ist mir zu banal. Ich liebe meine Eltern, ich liebe Worsel, ich liebe Mychajliwka-Rubeschiwka, ich liebe unseren Hof. Aber gerade ist hier nicht der Platz, an dem ich leben will – und auch nicht sterben.

Inzwischen kann ich meine Eltern verstehen, dass sie nicht wegwollten. Viele ältere Leute wollten ihre Häuser nicht verlassen. Es ist ihr Land, sie haben ihr ganzes Leben hier gelebt und wollen ihre Heime und Höfe nicht Plünderern und Soldaten überlassen. Das hat auch mit der Erfahrung aus dem Zweiten Weltkrieg zu tun, glaube ich. Vor allem aber: Falls das Schicksal es nicht gut mit ihnen meint, wollen sie lieber daheim in den eigenen vier Wänden sterben als irgendwo in der Fremde leben.

Ich versuche es noch einmal, rede mit Engelszungen auf meine Eltern ein, flehe sie an, mit uns zu kommen. Sie lehnen ab, und es heißt, Abschied zu nehmen.

Ich habe Anton angerufen und ihn gebeten, mich abzuholen, dass wir zu seiner Mutter fahren und einen Plan schmieden. Sie wohnt allein mit zwei Katzen. Als wir bei ihr ankommen, hören wir Schüsse und Detonationen aus Richtung Hostomel. In den Nachrichten heißt es, dass die Russen den alten Militärflughafen einnehmen und dort ein Depot für ihre Ausrüstung und ihren Nachschub anlegen wollen. In der Ferne sehe ich pechschwarze Rauchwolken. Ich habe Gänsehaut und bemühe mich, meine Angst vor Anton und seiner Mutter zu verbergen.

Ganz nah tobt der Krieg. Ununterbrochen hören wir Explosionen und Schüsse. Was werde ich tun, wenn jetzt hier, wo ich bin, eine Rakete einschlägt? Das werde ich entscheiden, wenn es so weit ist, falls ich noch lebe. Ich glaube, das nennt man Galgenhumor.

Alle fünf Minuten höre ich Hubschrauber und Kampfflugzeuge. Der Lärm verrät nicht, ob es ukrainisches oder russisches Militär ist. Bringen sie uns den Tod oder schützen sie uns davor? Ich glaube, Ungewissheit ist im Krieg die Mutter aller Schrecken, absolut gespenstisch.

Die Kinder auf der Straße können schon die Schüsse von unseren und den feindlichen Soldaten unterscheiden. Ich bewundere sie, dass sie das innerhalb eines Tages gelernt haben. Anton redet draußen mit Nachbarn über die Lage. Ich bin mit Fran ins Haus gegangen. Antons Mutter empfängt mich freundlich wie immer. Sie hat Essen gekocht und bietet mir welches an, damit ich schnell gesund werde. Denn ich huste immer noch. Oder wieder. Ich weiß es nicht. Die Erkältung interessiert mich eigentlich nicht, sie ist das kleinste Übel in diesen Tagen. Es gibt Borschtsch. Sie macht hervorragenden Borschtsch. Aber auch die Suppe kriege ich nicht hinunter. Nach vier oder fünf Löffeln gebe ich auf. Ich denke an Mama und die Frikadellen. Verrückt! Wie alles in diesem Krieg.

Ich schaue auf Fran und bin traurig. Der Abschied naht. Er weiß es nur noch nicht. Oder? Er wird nervös und liegt nicht mehr so friedlich wie gestern auf dem Boden. Die Atmosphäre ist angespannt. Fran verkriecht sich in einem Versteck. Hat er nun doch Angst vor dem Krieg? Oder ahnt er, dass ich ihn verlassen werde?

Plötzlich kommt Anton ins Haus und hat es eilig. „Wir müssen sofort los! Weg von hier, mindestens dreißig oder besser fünfzig Kilometer. Hier wird es sehr gefährlich", sagt er. Und zu seiner Mutter: „Mama, mach dich fertig, wir fahren!" Seine Mama sagt ruhig: „Nein, ich werde nicht mein Haus verlassen, die Katzen und das alles … Ihr seid jung, und ihr könnt entscheiden, wie es für euch weitergeht, was ihr für richtig haltet. Ich aber bleibe." Auch sie können wir nicht überreden, Anton nicht, ich nicht. Sie will Worsel auf keinen Fall verlassen.

Anton ist traurig. Seine Augen werden feucht, als seine Mutter ihn umarmt, aber er schafft es, die Tränen zurückzuhalten. „Sei bitte vorsichtig, Mama, und pass auf dich auf. Ich sage nicht tschüs, sondern auf Wiedersehen."

Wir haben einige der Lebensmittel, die Anton gestern im Supermarkt gekauft hat, bei seiner Mutter gelassen und nehmen nur mit, was sehr lange haltbar ist. Dann fahren wir schnell los, noch einmal zu meiner Mama und meinem Stiefvater. Ein letzter Versuch, sie mitzunehmen, der natürlich scheitert. Absolut keine Chance. Vor Schmerz könnte ich Sturzbäche weinen. Wie vorhin Anton versuche ich, stark zu sein. Mir kullern nur winzige Tränlein aus den Augen, als ich meine Eltern umarme. Ich kann mich nicht gegen den Gedanken wehren, dass ich sie vielleicht nie wiedersehe, er ist nun mal da. Fast feierlich verkünde ich: „Ich sage nicht tschüs, sondern auf Wiedersehen."

Ich bin kaum aus der Tür, da möchte ich zusammenbrechen und im Boden versinken, vor Kummer und Scham. Das Gefühl, sie allein zu lassen, die Ohnmacht, nichts für sie tun zu können, zu akzeptieren, dass sie nicht mitwollen – all das erschüttert mich zutiefst. Es ist, als schlüge mir jemand mit einem Knüppel die Beine weg. Aber was soll ich tun? Ich kann sie nicht zwingen, ins Auto zu steigen und mit uns zu kommen. Ich kann sie nicht betäuben, in einen Sack stopfen und mitnehmen.

Also ich kann auch nicht bei ihnen bleiben. Nein. Ich bin noch jung, habe keine eigene Familie, muss noch so vieles im Leben erledigen. Und hoffentlich habe ich eine Zukunft: friedlich, sicher, schön und glücklich. Ich kann nicht in Worsel bleiben.

Wir fahren los, beide tieftraurig. Wir wollen nach Bila Zerkwa, knapp hundert Kilometer südlich von Kiew. Wir sind wieder Statisten in diesem real gewordenen Gruselfilm aus russischer Produktion, der seit gestern vor der gesamten Weltöffentlichkeit aufgeführt wird. Wir schweigen beinahe die ganze Fahrt. Jeder verarbeitet seinen Schmerz auf seine Weise und nur für sich. Es ist sinnlos, darüber zu reden, sich gegenseitig zu versichern, dass wir die richtige Entscheidung getroffen haben. Ich weine und weine, denke an meine Eltern und ringe weiter mit mir, ob ich richtig gehandelt habe.

Wir versuchen, so schnell wie möglich durch Kriegsgebiet zu kommen. Anton ist nervös, aber auch tapfer, er konzentriert sich beim Fahren mehr als sonst, glaube ich. In der Ferne sehe ich eine Rauchsäule, die das vertraute Landschaftsbild stört.

Nach endlosem Schweigen machen wir das Radio an und hören sanfte klassische Musik. Ich nehme mit dem Handy ein Video auf, ohne zu wissen, warum, für wen und für was. Als Erinnerung? Aber an was? Auch diese Straße ist überraschend leer. Vielleicht sind schon alle weg, die wegwollten. Wir lassen den Krieg hinter uns. Der Himmel ist hellblau und wird immer klarer, je weiter wir uns von Worsel entfernen. Hier hat die Landschaft etwas Verträumtes.

Nach einer Stunde machen wir Rast in einer kleinen Stadt. Es ist schön, Normalität zu erleben. Der Kaffee am Kiosk schmeckt furchtbar. Aber auch das gehört zur Normalität in der Provinz.

Ich bin unglaublich müde. Schon jetzt wähne ich mich in einer Odyssee, als wäre ich bereits Monate unterwegs.

Wir sind aber erst kurz vor Bila Zerkwa. Mir fällt ein, dass ich mich nicht von Fran verabschiedet habe. Ich fange wieder an zu weinen.

26. Februar – Tag drei der Invasion

Der Krieg hat mich wieder etwas gelehrt: Die Realität ist die Realität, auch wenn sie irreal erscheint. Eine Rakete schlägt in ein Haus ein, tötet und zerstört. Diese grausame Banalität des Krieges habe ich nun verstanden, auch, dass daran nichts zu ändern ist. Die Bomben ballern mir täglich die Realität in den Kopf. Die Opfer und Zerstörungen existieren, sie lassen sich nicht leugnen. Ich habe die Detonationen gehört und die Rauchsäulen gesehen. Der Horrorfilm, in dem ich eine von zig Millionen Statisten bin, ist real, keine Erfindung. Er heißt „Zurück in die sowjetische Zukunft". Regisseur ist Wladimir Putin. Einen Oscar wird er dafür nicht kriegen. Aber einen Josef, benannt nach Stalin. Den Preis habe ich mir ausgedacht, um endlich mal wieder zu lachen.

Immerhin: Auch dieser Morgen hat einen guten Anfang genommen. Wir leben und sind weiter ein Teil dieser Welt. Ich wollte gerade „noch" statt „weiter" schreiben, habe es aber im letzten Augenblick gemerkt, dass „noch" eine selbsterfüllende Prophezeiung sein könnte. Ich habe mich entschieden, am Leben zu bleiben, komme, was da wolle.

Heute ist Samstag. Der dritte Tag der Invasion. Ich lebe. In Kriegszeiten an einem nächsten Morgen die Augen öffnen zu dürfen, zu sehen und zu fühlen, nicht tot zu sein, ist ein tolles Erlebnis. Man kommt sich so schön lebendig vor. Das Gefühl ist wie eine Sucht. Ich kann gar nicht genug davon kriegen. Mein Überlebenswille ist ungemein.

Ich glaube, dass mein Tag wie der Millionen anderer Ukrainer beginnt, wo immer sie aufgewacht sind: daheim, in Bunkern oder im Auto. Der erste Blick auf das Smartphone zeigt einhunderttausend WhatsApps mit immer derselben Frage in zwei Versionen: „Wie geht es dir?" Und: „Wie geht es euch?" Auch ich schicke beide Varianten einhunderttausendmal in die Ukraine hinaus. Der Inhalt der Antworten spielt keine Rolle. Alles, was zählt, ist, dass überhaupt etwas zurückkommt.

Die Frage nach dem Wohlbefinden ist auch im Krieg eine Floskel, Mittel zum Zweck. Sie dient dazu zu erfahren, ob der andere noch lebt, und wenn ja, wo.

Der körperliche Zustand ist entscheidend, er sichert das Überleben. Um den seelischen kümmern wir uns später.

Der Griff zum Handy ist ein Automatismus geworden, geboren im Krieg. Meine rechte Hand nimmt die Gestalt einer Gartenkralle an. Ich habe beinahe einen Krampf in den Händen, weil ich das Handy im Wachzustand nie aus der Hand lege. Wäre es wasserdicht, würde ich mit ihm duschen. Würde ich mit geschlossenen Augen lesen können, würde ich es im Schlaf in der Hand halten, wie es die Babys mit ihrem Nuckel tun, um das Gefühl zu haben, bei ihrer Mama zu sein. Mein Smartphone ist mein Nuckel, er verbindet mich mit meiner Mama. Und dem Rest der Welt, der es gut mit der Ukraine und mir meint.

Mein Smartphone ist mein bester Freund. Er sagt mir, dass es meinen Eltern gut geht und zu Hause nichts passiert ist. Das ist wichtig für meine traurige Stimmung. Gibt es eigentlich eine Skala der Traurigkeit? Von eins bis zehn? Dann wäre ich heute bei sechs, ich nähere mich also der Mitte. Und das ist ein Fortschritt. Morgen schaffe ich die fünf. Und frage Mama, wie die Frikadellen geschmeckt haben. Essen ist wichtig. Auch wir werden es heute mit Frühstück versuchen.

An Bila Zerkwa haben wir schöne Erinnerungen, vielleicht haben wir uns deshalb für diese Stadt als Station unserer Flucht entschieden. Im Oleksandrija sind wir mindestens dreimal zum Spazieren und Picknicken gewesen. Ich wünsche mir so sehr, dass der schöne Park vom Krieg verschont bleibt. Ich mag ihn gern mit seiner grünen Pracht, seinen alten Eichen, kleinen Pavillons, lauschigen Plätzen und grazilen Kolonnaden.

Die Wohnung, die wir über booking.com gemietet haben, hat drei Fernseher, aber keinen Kaffee. Ich trinke grünen Beruhigungstee, den ich, ohne nachzudenken, für was er gut sein soll, in meinen Alarmrucksack geworfen habe, als gehöre Beruhigungstee zur Ausrüstung für Luftschutzkeller oder eine Flucht aus Kriegsgebiet. Gestern habe ich mich mehrmals aufgeregt. Und denke ich an meine Mama und ihre Frikadellen, tue ich es wieder. Aber gestern fiel mir leider nicht ein, dass ich den Tee bei mir habe, sonst hätte ich mir vielleicht eine Tasse zubereitet und gewartet, bis er wirkt, um dann meinen Eltern gemütlich zuzuschauen, wie sie, Frikadellen speisend, auf die Russen warten.

Wir frühstücken. Es gibt Beruhigungstee, Beruhigungsbrot, Beruhigungsbutter und Beruhigungswurst. Und das alles aus uraltem Geschirr aus Sowjetzeiten. Ein komisches Gefühl beschleicht mich. Wieso lebt noch jemand so? Wieso glaubt jemand, dass es Leute gibt, die sich in einem Museum wohlfühlen? Nicht allein die Teller und Tassen sind aus der Zeit gefallen. Diese riesigen staubigen Schränke in jedem Zimmer, die alten geschmacklosen Sessel – igitt. Da hilft auch der Beruhigungstee nicht.

Ich fühle mich wie in einer Zeitmaschine, fünfzig Jahre zurückversetzt in die Sowjetunion. Ein Land, das solches Geschirr und solche Möbel hergestellt hat, musste untergehen. Und im Namen des guten Geschmacks sollte es nicht wiederauferstehen.

Verrückt! Wie wirklich alles in diesem Krieg. In beiden Zimmern und in der Küche sind Fernseher. In unserer Wohnung in Kiew haben wir keinen, ich schaue seit Jahren nicht mehr fern. Und nun glaubt das Schicksal, es gut mit uns zu meinen, dass jeder seinen eigenen Fernseher hat und wir sogar noch einen Gast in die Küche vor einen Fernseher setzen könnten. Wahrscheinlich ist die Wohnung für Paare gedacht, die sich nichts mehr zu sagen haben und sich nicht mal mehr darauf einigen können, welches Programm sie gemeinsam sehen wollen. Wie die Leute über uns, die ständig streiten, als sei der Krieg nicht aufregend genug. Sie streiten und streiten, der Mann brüllt, die Frau schreit. Leute, hört auf! Reicht euch der Lärm der Detonationen nicht? Nein, sie geben keine Ruhe.

Wir haben die Polizei gerufen. Sie ist recht schnell da, was ich gut, aber auch absurd finde, weil es so normal ist, so alltäglich, so banal. Bald herrscht Ruhe. Vielleicht haben die Polizisten das Paar überzeugt, den Streit fortzusetzen, wenn wieder Frieden ist. Oder ihnen eine Fernsehsendung empfohlen.

Wir machen zwei Fernseher an, um keine Nachrichten zu verpassen. Es bringt aber nichts, denn alle Sender berichten über ein und denselben Krieg.

Es ekelt mich in der Wohnung aus dem vorigen Jahrhundert. Hier würde es Putin gefallen, hier könnte er von seiner Sowjetunion träumen. Sich über die Wohnung lustig zu machen, bringt ein bisschen Entspannung. Aber bald bin ich wieder traurig, sehr traurig. Ich bin in einer fremden Stadt, in der ich niemanden kenne, und schlage meine eigentlich kostbare Lebenszeit tot.

Wir könnten den Park besuchen und Normalität spielen. Man darf aber nicht. Sperrstunde.

Falsch, man darf, merke ich gerade. Die Sperrstunde beginnt heute erst um 17 Uhr. Ich bin froh, dass es auf 17 Uhr zugeht und mir der Oleksandrija erspart bleibt. So kann ich mich vor dem Spaziergang drücken. Ich habe keine Lust, so zu tun, als wären wir ein Liebespaar, das schlendernd sein Leben genießt. Wir sind auf der Flucht, der Tod ist uns auf den Fersen.

Nach Stunden der Ruhe verspüre ich erstmals wieder etwas Angst, ohne dass ich weiß, warum sie plötzlich wieder so präsent ist. In Bila Zerkwa ist alles ruhig, die Cafés und Geschäfte sind auf. Die Sonne scheint, die Vögel versuchen sich an einem ersten kleinen Vorfrühlingskonzert. Vielleicht ist es das Gefühl der Ahnungslosigkeit, nicht zu wissen, was morgen kommt, wohin es uns treibt.

Der Spaziergang im Park ist endgültig gestrichen. Lieber kriegswichtige Sachen erledigen: tanken, Bargeld besorgen, Lebensmittel einkaufen, zur Apotheke. Noch immer gibt es sehr lange Schlangen an den Tankstellen, das Benzin ist auf zwanzig Liter pro Auto rationiert. Wir wollen eine lange Strecke fahren und nicht riskieren, stehen zu bleiben, weil uns der Sprit ausgegangen ist.

Anton ist unter der Dusche, die nicht aus sowjetischer Produktion ist. Danach will er mit Freunden telefonieren, was dauern wird. Ich sitze auf dem altmodischen Polstersofa, trinke Beruhigungstee, der nicht wirkt, und schaue auf ein hässliches Monstrum von Schrank, so schwer wie das Gewicht auf meiner Seele.

Ich komme mir auf die Schliche und weiß nun, wo die Traurigkeit ihre Wurzel hat. Es ist der Hauch von Frieden, der in dieser kleinen Stadt weht, die Normalität, in der ich zur Ruhe komme und viel zu viel Zeit zum Grübeln habe. Mir laufen ein paar Tränen über das Gesicht, weil ich beginne, mich von meinem Alltag zu verabschieden.

Dienstag wollte ich zur Hochzeit meiner Freunde, aber ich blieb zu Hause, weil ich krank wurde. Vergangenen Samstag hatten wir ein Abi-Treffen. Es war schön, alle wiederzusehen und uns gemeinsam zu erinnern. Wir haben vereinbart, uns Ende März in kleinerer Runde erneut zu treffen: nur die Mädchen. Ein paar Tage davor hat mir mein Freund einen Heiratsantrag gemacht und mir einen wunderschönen Ring geschenkt. Es hat mich überrascht, denn unsere Beziehung steht nicht zum Besten. Der Krieg trennt Familien. Kann er auch verbinden? Anton meinte, ich solle den Ring in jedem Fall annehmen, als Zeichen seines Dankes für die vielen schönen gemeinsamen Jahre betrachten – und als Erinnerung an ihn. Vergangenen Sonntag saß ich in einem gemütlichen Café in Kiew und redete mit einer Bekannten über Kunst, Musik, Mode und ein Fotoshooting. Ich glaube, das Wort Shooting setze ich auf den Index.

Habe ich das eben geschrieben? Ist es schon so weit, dass ich mich meiner selbst vergewissern muss, wer ich bin, was mich ausmacht und was ich verloren habe? Offenbar. Jetzt befinde ich mich im Krieg in einer hässlich möblierten Wohnung, fernab aller Freude, fernab meines alten Lebens. Immerhin: Ich lebe. Das ist ein Trost.

27. Februar – Tag vier der Invasion

An das, was die Menschheit ausschlafen nennt, ist nicht zu denken. Die innere Unruhe hat sich in eine mit Peitschen bewehrte Furie verwandelt, die sie unbarmherzig schwingt. Ihre Hiebe treffen meine Zehenspitzen, meinen Bauchnabel, meine Schädeldecke und treiben mich aus dem Bett. Es ist sehr früh am Morgen. Ein erster, flüchtiger Blick aus dem Fenster verrät: Bila Zerkwa existiert noch. Draußen ist es dunkel und ruhig.

Woran merkt man, dass Krieg ist? Am Lärm – und der Stille. Sie bilden eine seltsame Einheit, ein Gegenüber wie Tod und Leben. Sie sind die zwei Seiten einer Tapferkeitsmedaille. Denn Lärm und Stille sind gleichermaßen schwer auszuhalten. Sie tun weh. Sie erzeugen unterschiedliche Ängste. Lärm bedeutet Gefahr. Stille bedeutet, dass es gleich sehr laut werden kann.

Manchmal ist mir nach Schreien. Um nicht den Verstand zu verlieren. Um die Wut rauszulassen. Um die Stille zu vertreiben.

Schweigen ist im Krieg eine besonders fiese Art der Stille. Wir reden in diesen Tagen wenig, da nicht viel zu bereden ist. Es gibt nichts zu planen, nicht das Abendessen, wer einkaufen geht, das Geschirr spült und den Müll wegbringt. Dass ich mich einmal nach Abwasch und Müllcontainern sehnen würde, ist noch so was Verrücktes an diesem Wahnsinnskrieg. Wie wunderbar Normalität ist, wie schön, einen Alltag zu haben, zu arbeiten, im Café zu plaudern, die Nachbarin zu fragen, wie es ihr geht, Fran beim Faulenzen zuzuschauen, endlos zu schlafen, die Eichhörnchen im Park zu füttern und am Abend einen Liebesfilm zu sehen.

Und nun: Alles erscheint sinnlos, weil sich alles, was man hat, in Nichts auflöst, ein riesiges Nichts, größer als ein schwarzes Loch in einer fernen Galaxie, in der es hoffentlich keine Kriege gibt. Geblieben ist mir: fast nichts. Mein Leben passt in einen Alarmrucksack. Aber – und das ist weit mehr als nichts – ich lebe! Und finde ab und an Ruhe zum Nachdenken über Dinge, die nichts mit dem nackten Überleben zu tun haben. Zum Beispiel über das blöde Wort Alarmrucksack, das es eigentlich gar nicht geben dürfte im Europa des 21. Jahrhunderts, falls man nicht am Hang des Ätnas sein Haus hat. Sizilien – da will ich eines Tages hin.

Aber selbst das Träumen von den Schönheiten der Welt, den nahen und fernen Ländern, die ich noch bereisen möchte, hat nichts Leichtes. Die Leichtigkeit des Seins, wie ich sie aus Kiew kenne, ist verschwunden. Mein schlechtes Gewissen, meine Eltern nicht doch in einen Sack gesteckt und mitgenommen zu haben, lastet tonnenschwer auf meinen Schultern. Wären sie und Antons Mutter jetzt hier, könnten wir uns gemeinsam noch schnell Bila Zerkwa ansehen, bevor die Russen die kleine Stadt mit ihren großen Bomben zertrümmern.

Mama! Ihr geht es gut. Vater auch. Das ist wichtig und gibt mir Kraft, nicht nur den Krieg auszuhalten, sondern auch diese gespenstische Wohnung, in der ich gezwungen bin, den Mief der Sowjetunion einzuatmen. Meine Traurigkeitsskala ist auf Stufe fünf. Stabil. Ich halte mich tapfer. Wie unsere Armee, die die Russen erfolgreich auf dem Weg nach Kiew aufhält. Sie lässt mich hoffen und macht mich stolz. Lang lebe die Ukraine, mein Heimatland! Ich verstehe nicht, dass Patriotismus in Teilen der westlichen Welt einen schlechten Ruf hat. Ich bin gerne Ukrainerin. Und stolz, eine zu sein. Jetzt mehr denn je.

Unsere Vermieterin hat es sehr eilig. Sie will vor der Ankunft der Russen, dem Weltuntergang oder was weiß ich noch einmal kräftig Geld verdienen. Wir sollen ihr schnell sagen, ob wir noch eine dritte Nacht bleiben oder sie die Wohnung anderweitig vermieten kann. Wenn wir nicht bleiben, müssen wir spätestens um 11.00 Uhr den Besuch ihres Museums beenden. Ultimaten gehören nun mal zum Krieg. Wir versprechen, ihr rechtzeitig Bescheid zu geben. Ich weiß da längst: Nichts wie raus hier! Noch einen Tag halte ich es zwischen Stalins Möbeln nicht aus. Die Bleibe ist auch viel zu teuer. Soll die Frau ihr muffeliges Loch doch an Putin vermieten. Asche zu Asche, Staub zu Staub.

Meine Augen sind ständig auf Tournee. Die Stationen heißen: Fernseher und Smartphone. Dann Smartphone und Fernseher. Bevor sie wieder bei Fernseher und Smartphone haltmachen. Der Krieg hat auch das geschafft. Nach Jahren der Abstinenz bin ich über Nacht zum TV-Süchtigen geworden. Einer der drei Fernseher läuft immer. Er verkündet: Der russische Angriff auf Kiew rollt langsam, aber er rollt. Wir müssen schnell weg aus Bila Zerkwa, weil es danach aussieht, dass die Russen auch von Süden angreifen.

Ich sehe Antons Kummer, und es zerreißt mir das Herz, weil ich weiß, wie er sich fühlt, wie auch er sich grämt, nicht bei seiner Mutter zu sein. Schon kurz nach unserer Ankunft in Bila Zerkwa hat er ihr versprochen, bald zu ihr zu kommen, sobald ich in Sicherheit bin. Ein guter Junge, der seine Mama liebt. Einmal, als ich sage, dass ich Fran vermisse und hoffe, dass es ihm gut geht, sagt er: „Meine Mutter ist jetzt wichtiger als dein Kater." Sein harter Ton überrascht mich. Aber ich verstehe ihn. Natürlich verstehe ich ihn. Auch ich habe Angst um meine Eltern. Alle in der Ukraine haben Angst um ihre Liebsten.

Ich versichere Anton und wahrscheinlich mir selbst, dass unsere Eltern ihre Entscheidung getroffen haben und wir sie, so traurig es auch für uns ist, akzeptieren müssen. Aber der Schmerz geht dadurch ebenso wenig weg wie das tonnenschwere Blei auf unseren Schultern. Die Erkenntnis ist hart, eine Schicksalsgemeinschaft zu sein, zwei Menschen, die der Kummer inzwischen mehr verbindet als die Liebe. So scheint es mir jedenfalls in diesen Tagen, in denen die dunklen Gefühle dominieren.

Herr im Himmel, schon wieder dieser Typ. Über Facebook kommt eine Nachricht von einem Letten, der in Deutschland lebt und bei mir Deutschunterricht nimmt. Er will immer besonders freundlich und empathisch sein und merkt nicht, wie sehr er dabei Grenzen überschreitet, wie sehr er in mich einzudringen versucht. Er überhäuft mich mit Fragen, wie es mir geht, ob ich Angst habe, mich sicher fühle und nicht an einen sichereren Ort will, was ich als Nächstes tun werde, wie er mir helfen kann. Er bietet mir sogar an, mich mit dem Auto an der polnischen Grenze abzuholen.

Nicht, dass er mich nicht fragen soll. Mir gehen nur seine Einschätzungen auf die Nerven. Er sitzt daheim auf dem Sofa und ist Experte für alles, was im Krieg passiert. Egal ob Militärisches oder Humanes, er weiß einfach alles und müsste längst Topberater unserer Regierung sein. Er erklärt mir ständig, wie gefährlich alles ist und dass es heute Morgen noch gefährlicher ist als gestern Abend, wo es auch schon sehr gefährlich war. Hallo?! Bin ich in diesem verdammten Krieg oder er? Überhaupt: Was soll das? Sorgt er sich um mich, oder bewirbt er sich um den Titel empathischster Mensch der Welt? Er hört nicht auf. „Warum sitzt du immer noch da? Was gibt es noch nachzudenken? Raus da!" Er prophezeit, dass sich die ukrainische Armee „noch maximal 2 Tage" gegen die Russen hält. Und wenn doch, „wird die Ukraine nicht überleben". Alles Unsinn. Die Ukraine wird niemals aufgeben und niemals untergehen, wir werden kämpfen bis zum Sieg.

In immer schnellerem Tempo treffen seine Nachrichten ein, sie werden immer eindringlicher und fordernder. Ähm, schönen Dank auch. Solche Botschaften sind keine Unterstützung und Ermutigung. Natürlich habe ich Angst. WAS DENN SONST? Natürlich kenne ich die Gefahr. WAS DENN SONST? Aber ich habe das Recht, selbst zu entscheiden, wann, wie, warum, wohin und ob ich überhaupt gehe.

Allerdings bin ich selbst überrascht, dass ich längst darüber nachdenke, ohne Anton weiterzuziehen. Der Krieg ist brutal, er nimmt den Menschen die Zeit, Dinge zu klären, die Zeit brauchen. Ist es zu viel verlangt, dass eine junge Frau an einem sicheren Ort sein möchte, da, wo es mehr Freude und Hoffnung gibt als in einer Wohnung aus Stalins Zeiten? Ununterbrochen grüble ich. Wenn ich nicht gerade in Panik bin oder weine, weil ich Angst um alles habe, was mir lieb und heilig ist auf der Welt. Niemand, der es nicht erlebt hat, kann wissen, wie hart der Kampf mit sich selbst ist, die richtige Entscheidung zu treffen, die schon Stunden später die falsche sein kann. Niemand, der es nicht erlebt hat, kann wissen, wie es ist, seine Eltern im Stich zu lassen, weil man selbst am Leben hängt. Niemand, der es nicht erlebt hat, kann wissen, wie es ist, sich innerlich von seinem Freund zu verabschieden, ihn zu verlassen, wissend, ihn vielleicht nie wiederzusehen.

Ich verfluche die Ratschläge und Hilfsangebote, die nicht helfen, sondern nur Druck machen, und werfe mein Smartphone wütend auf Stalins Couch. Es ist ein deprimierender Morgen. Die Traurigkeit sitzt in jeder Pore, es ist unmöglich, sie abzuwaschen oder auszuschwitzen. Nichts ist gut. Der Husten quält mich weiter. Ich musste so viel in Kiew zurücklassen. Ausgerechnet der Husten hat mich begleitet und verfolgt mich wie ein treuer Hund. Er sitzt noch immer tief und quält mich zu allem Überfluss. Ich trinke mal wieder einen Beruhigungstee, der seinen Namen nicht verdient hat. Vielleicht wirkt er nur im Frieden.

Das ist es! Plötzlich dämmert es mir. Ich erinnere mich, dass mein Schwager einen sehr guten Freund nicht weit von Bila Zerkwa hat. Ich rufe sofort meine Schwester an und frage nach. Sie sagt: „Ja, Slawik, er wohnt ganz in der Nähe. Ich werde ihn fragen, ob ihr ein paar Tage bei ihm wohnen könnt." Ich freue mich und sage: „Danke, das wäre toll!" Fünf Minuten später trifft auf meinem Handy eine Whats-App ein: Wir können kommen. Slawik erwartet uns. Ich bin erleichtert und glücklich über die Solidarität. Ein Zeichen der Hoffnung. Weg hier, raus aus Stalins Wohnung.

Pech für uns. Die Ausgangssperre gilt seit gestern 17.00 Uhr und endet erst Montag 8.00 Uhr. Dann ist es also verboten, auf die Straße zu gehen. Unsere Vermieterin versichert uns, dass die Regel in Bila Zerkwa nicht gilt. Wir wissen nicht, ob sie die Wahrheit sagt oder uns schnell loswerden will. Aber wir riskieren es und machen uns auf den Weg.

Wir erfahren von Slawik, dass die Adresse seines Hauses nicht bei Google Maps angezeigt wird, dafür aber das Dorf, das nur 15 bis 20 Minuten von Bila Zerkwa entfernt und leicht zu finden ist. Er erklärt es uns: raus aus der Stadt, hinter dem zweiten Kontrollposten rechts. Dann sind wir schon da. Klingt einfach. Mir fällt auf, wie schnell sich die Menschen auf die neue Realität einstellen: Kontrollposten, die es vor einer Woche noch gar nicht gab, dienen nun schon zur Wegbeschreibung.

Juhu, wir sitzen endlich mal wieder im Auto. Auf nach … Wie hieß das Dorf gleich noch mal? Anton denkt, ich habe mir den Namen gemerkt. Ich denke, er hat sich den Namen gemerkt. Wir denken beide das Falsche. Der Stress hat erste Lücken in unsere Hirne gerissen. Wir haben vergessen, wie sich das Dorf nennt.

Nun sind wir schon unterwegs und müssen es ohne den Dorfnamen versuchen. Slawiks Beschreibung ist eindeutig gewesen. Am ersten, dann am zweiten Kontrollposten der Territorialverteidigung zeigen wir unsere Pässe und dürfen passieren. Anton ist sich bald darauf sicher, dass wir schon zu weit sind und vorhin nach rechts hätten abbiegen müssen. Ich habe keine Ahnung. Wir kehren um, passieren wieder die Kontrollpunkte, die stadteinwärts strenger überprüfen als umgekehrt. Wir sind keine russischen Spione und haben nichts zu verbergen. Trotzdem sind die Posten furchteinflößend. Eine unheimliche Situation. Ich bin es nun mal nicht gewohnt, von Männern mit Maschinenpistolen angehalten zu werden. Außerdem ist im Auto zu sitzen, aber nicht zu fahren, besonders gruselig. Ich habe dann immer Angst, dass eine Rakete auf unserem Dach landet und uns in den Himmel befördert.

Hier stimmt was nicht. Wir müssen doch auf dem richtigen Weg gewesen sein. Wieder zurück. Wieder zu den Kontrollpunkten. Nun werden sie denken: Mit denen stimmt was nicht, und unser Auto auseinandernehmen. Wir haben Angst, dass wir Ärger kriegen. Aber die Posten lächeln nur freundlich und winken uns durch. Lächelnde Männer mit Maschinenpistolen sieht man auch nicht alle Tage. Wir wissen nicht, ob wir lachen oder weinen sollen. Aber am Ende siegt das Lachen.

Uns dämmert, dass wir vorhin doch richtig gewesen sein müssen, aber zu früh umgekehrt sind. Jetzt finden wir den richtigen Abzweig nach rechts und sind schnell am Ziel. Das Dorf besteht aus zwei Straßen und ein paar weit verstreuten

Häusern, die von Wald und Feldern umgeben sind. Slawik erwartet uns schon und begrüßt uns herzlich. Er ist sehr freundlich, ich mag ihn vom ersten Augenblick an. Er bittet uns herein und bietet uns sofort an, so lange zu bleiben, wie wir wollen. Ich bin gerührt und Slawik unendlich dankbar, dass er uns aufnimmt, obwohl er uns gar nicht kennt. Er nennt es eine Selbstverständlichkeit.

Erst wenig später merke ich, dass ich vor Erleichterung, vor Freude über so viel menschliche Wärme und Güte und im Angesicht der Schönheit der Natur einige Minuten den Krieg mit all seinem Kummer vergessen habe. Hier regiert die Stille, die nichts Gefährliches hat, der man vertrauen kann.

Ich bin überrascht, dass wir nicht nur zu dritt sind. Slawik hat seine Frau und seine Kinder nach Moldau geschickt, aber zugleich seinen Bruder, dessen Frau und Kinder und den Kater Sjoma aufgenommen. Der zweite Stock des Hauses befindet sich noch im Bau, was heißt, dass wir zu siebt im ersten Stock wohnen werden. Wir kriegen einen Schlafplatz auf Luftmatratzen zwischen der Küche und dem Durchgang zu Bad und Toilette zugewiesen. Slawik ist es unangenehm, dass er uns nichts Besseres bieten kann. Uns macht es nichts. Wir sind froh, ein Dach über dem Kopf und Essen zu haben. Und das Wichtigste: Wir fühlen uns sicher. Hier werden uns die Russen und der Tod nicht finden.

Ich bin ein Mensch, der viel Freiraum braucht. Und ein kuscheliges Bett ist auch ganz schön. Aber man kann im Leben nicht alles haben, schon gar nicht im Krieg. Und mit vielen Leuten zusammen zu sein, bringt Abwechslung und vielleicht sogar etwas Spaß. Ich habe unsere Lebensmittel ausgepackt und alle eingeladen, sich zu bedienen.

Die Ankunft, die Hoffnung, die Zuversicht, die Freude, die Natur: Ich bin überwältigt. Ich weiß, dass dieses kleine bisschen Glück hier auf diesem winzigen Fleckchen Ukraine eine Momentaufnahme ist und bald wieder vorüber sein wird. Die Gefahr ist genauso wenig weg wie die Fragen, die mich quälen.

Plötzlich geht es mir schlecht. Ich kriege keine Luft mehr. Nun rächt sich, dass ich nichts gegessen und viel zu wenig getrunken habe. Ich bitte Anton, mit mir spazieren zu gehen. Auf dem Weg nach draußen treffe ich den Hüter des Hauses, Slawiks Kater Timofei sage ihm ein paar freundliche Dinge, die Kater gerne hören, mache ein Foto von ihm und schicke es Mama. Ich atme tief durch und denke ein letztes Mal an das Museum des sowjetischen Alltags mit seinen drei Fernsehern und dem Geruch des 20. Jahrhunderts und freue mich wie eine Schneekönigin, hier zu sein.

In einem Dörflein wie diesem kennt jeder jeden. Was bedeutet: Uns kennt hier niemand, nicht mal vom Sehen. Wir sind Fremde, keine Einheimischen. Wir sind ein paar Meter gelaufen, da genieße ich die wunderschöne Aussicht und wie der Himmel mit Feld und Wald verschmilzt. Ich mache ein weiteres Foto für Mama, damit sie weiß, wo ich bin. Ich habe kaum den Auslöser gedrückt, da erscheinen ein Großväterchen und ein junger Mann, Mitglieder der Territorialwacht, und reden so laut über uns, dass wir es hören.

„Schau mal, wer da ist. Irgendein Typ und ein Mädchen. Habe sie noch nie hier gesehen. Du?"

„Hm, weiß nicht. Glaube nicht. Was machen die da?"

„Sie machen Fotos!"

„Los, ihnen nach. Wir müssen rauskriegen, was sie hier verloren haben."

Wir tun so, als hätten wir es nicht gehört, und treten den Rückzug an. Als wir merken, dass sie uns hinterherlaufen, drehen wir uns um, gehen aber weiter zu Slawiks Haus. Ich spüre in meinem Rücken, dass sie uns folgen und näher kommen. Der Krieg ist wirklich irre. Nun sind wir in einem James-Bond-Film gelandet. Wir sind zwei friedliche Erdenbürger, aber für unsere Verfolger zwei unbekannte Wesen unter Spionageverdacht. Sie holen uns ein. Einer sagt in reinem, schönem Ukrainisch:

„Guten Tag, junge Leute. Woher kommen Sie?"

„Guten Tag auch Ihnen. Wir sind aus Kiew."

„Und was machen Sie hier?"

„Wir sind bei unserem Bekannten untergekommen. Kennen Sie Slawik? Dort ist sein Haus, Nummer 11."

„Davon wissen wir nichts. Haben Sie Dokumente?"

„Ja, klar. Aber bei Slawik bei unseren Sachen."

„Gut, dann gehen wir zusammen hin, und Sie zeigen sie uns."

„Kein Problem."

„Wir bitten um Entschuldigung für den Fall, dass sich alles in Luft auflöst. Sie wissen ja, wir haben jetzt schwere Zeiten. Es ist besser, sich einmal zu viel zu vergewissern, mit wem man es zu tun hat, als einmal zu wenig. Das werden Sie sicher verstehen."

Na klar, verstehen wir. Also gerne zu Slawik. Von den schwierigen Zeiten haben wir nämlich auch schon gehört.

Ich frage mich, ob sich Spione wirklich so benehmen würden wie wir, nicht wegrennen oder schießen. In James-Bond-Filmen geht es jedenfalls anders zu. Aber egal. Ich finde es rührend, wie sich die Männer um ihr Land kümmern.

Wir laufen als Quartett gemächlich zu Slawiks Haus. Anton und ich gehen hinein, um die Dokumente zu holen. Slawa rät uns, ruhig zu bleiben. Er redet mit den zwei Männern und überzeugt sie schnell, dass wir zu den „Unseren" gehören. Daraufhin entschuldigen sich die zwei Herren. Sie wollen gar nicht mehr aufhören, uns um Vergebung zu bitten. Wir versichern ihnen, dass wir in keiner Weise beleidigt sind, und loben sie dafür, dass sie nach russischen Spionen suchen. Den Fehlschlag werden sie bestimmt verkraften.

Am Nachmittag habe ich ein Vorgespräch mit einem Journalisten des ZDF für ein Interview für „Volle Kanne". Er hört sich meine Geschichte voller Empathie an. Es ist noch nicht spät, aber ich bin schon so müde, als wäre es weit nach Mitternacht. An Schlaf ist hier nicht zu denken. Jede Kriegsnachricht wird bewertet und diskutiert, manchmal auch heftig und laut. Ich sehne mich nach der friedlichen Stille der Natur, die ich vorhin für wenige Augenblicke genießen durfte. Todmüde halte ich durch. Ich bin emotional völlig erschöpft, die vielen Nachrichten über Tod und Zerstörung, die aus allen Teilen der Ukraine gemeldet und empört aufgenommen werden, deprimieren mich. Ich könnte weinend zusammensacken vor Schmerz, aber reiße mich zusammen, weil wir doch alle tapfer sein müssen in diesen schweren Zeiten.

Es geht mir wieder besser. Ich setze mich vor meinen Laptop, nehme Stift und Notizblock und beginne, darüber nachzudenken, was ich morgen im ZDF sagen möchte. Schließlich habe ich jetzt die Möglichkeit, die deutsche Öffentlichkeit über den Krieg zu informieren, damit sie versteht, was mit uns passiert, klarzustellen, dass die Russen nicht als „Beschützer", sondern als Aggressoren gegen unseren Willen gekommen sind, und was wir dringend brauchen. Wie kriege ich das in fünf Minuten rüber? Nach einer Weile habe ich so viel aufgeschrieben, dass es für eine halbe Stunde reichen würde. Ich atme tief durch.

Endlich sind alle von den Diskussionen erschöpft, es ist Schlafenszeit. Ich schlüpfe in eine Jogginghose und ein T-Shirt, blase die Luftmatratze auf und lege mich hin. Ich spüre die gerippte Oberfläche der Matratze am Körper und wünsche mir mein herrliches Bett herbei. Voller Sehnsucht denke ich an meine Eltern und an Kiew. Die Traurigkeitsskala bewegt sich wieder Richtung sechs oder sogar sieben. Aber es ist nur ein Ausreißer, ein kurzer Moment. Denn ich fühle mich bei Slawik sicher und habe meine Angst im Griff. Und das Beste ist: Hier gibt es guten schwarzen Kaffee.

28. Februar – Tag fünf der Invasion

Das Abstrakte, das Unbegreifliche, das Irrationale der ersten Stunden nach Kriegsausbruch ist beinahe weg. Der Nebel hat sich gelichtet. Verschwunden ist er nicht. Er hat sich nur verwandelt, in einen kaum sichtbaren Dunst des Grauens. Er umweht uns selbst hier, wo das trügerische Gefühl der Sicherheit besser funktioniert als in Bila Zerkwa. Die Angst ist geblieben. Aber ich stelle fest, sogar an sie gewöhnt man sich auf eine sehr pragmatische Art, indem man ihr nicht zu viel Beachtung schenkt, sie wegdrückt, so gut es geht. Ich merke es an meinen Panikattacken, in denen sich die verdrängte Angst plötzlich entlädt, gleich einer Kanone, die abgefeuert wird. Permanent in Angst zu leben, kostet Kraft in unvorstellbaren Ausmaßen.

Das Dorf tut mir gut, auch Anton ist hier ruhiger, glaube ich. Sirenen und Detonationen sind nicht zu hören, Rauchsäulen nicht zu sehen. Das unterstützt unseren Selbstbetrug, einen Vorsprung vor der Gefahr rausgeholt zu haben. Die dunklen Gedanken, die Sorgen, die Angst sind dennoch immer da. Sie haben sich in meinem Kopf festgesetzt wie die Wurzeln einer fünfhundert Jahre alten Eiche im Erdreich. Trauer, Kummer und Schmerz teile ich mit einer ganzen Nation. Die Ukraine wacht morgens nicht von Weckern auf, um zur Arbeit zu eilen und Kinder zur Erzieherin oder den Großeltern zu bringen, sondern vor Angst und Sorgen, von Sirenengeheul oder alldem zusammen. Väter, Mütter, Jungen, Mädchen, Kollegen, Freunde und Bekannte gehen nicht ins Büro, in die Fabrik, nicht ins Kino, ins Restaurant oder den Zoo, sondern in Luftschutzbunker und in U-Bahn-Schächte, weil ein verrückter Diktator nichts Besseres zu tun hat, als seine Armee in dem Wahnsinnsgedanken in den Krieg zu schicken, die Ukraine von der Landkarte verschwinden zu lassen und ihre renitenten Bewohner am liebsten gleich mit. Brudervolk? Das ist so lachhaft, so dumm, so dreist, so arrogant, so unerträglich verlogen. Ein Brudervolk mit einem Krieg zu „retten", ist die dämlichste Idee seit Erfindung der Atombombe. Putin, du als Mensch verkleideter Satan, hast unser Leben bis zur Unkenntlichkeit verändert. Du hast über Nacht mit deinen Bomben unsere Familien, Leben, Pläne, Wünsche und Träume zerstört. Wir sind weder deine Brüder noch deine Schwestern – und werden es nie sein. Wir Ukrainer, die du „befreien" willst, rufen deinen Soldaten jeden Tag zu: Verpisst euch! Fickt euch!

Das hat gutgetan. Die Wut einmal niederzuschreiben und nicht nur zu denken. Das mindert den Drang, zu schreien und mit dem Kopf gegen die Wand zu rennen. Das ist es, was ich nachher sagen werde, damit jeder in Deutschland hört, was wir von Putin und seinen Soldaten halten. Nichts.

Ich bin besonders früh aufgestanden. Ich will gut vorbereitet und ruhig sein, wenn mich das ZDF interviewt. 9.40 Uhr deutscher Zeit. Live. Das macht man nicht alle Tage. Während die anderen noch schlafen, will ich duschen, mir die Haare machen, schön, stark und gefasst auftreten.

Schließlich repräsentiere ich gleich vor Millionenpublikum meine Nation.

Mir fällt ein, dass ich Slawik nicht um ein Handtuch gebeten habe. Verdammt! Mir ist es peinlich, ihn zu wecken. Jeder Tag ist auch für ihn Stress – und dann kommt Julia aus Kiew, die er bis gestern nicht gekannt hat, schmeißt ihn aus dem Bett, weil sie dringend ein Handtuch braucht. Ich begnüge mich zunächst mit Zähneputzen und Kaffee, schau auf meine Notizen und warte auf Slawik. Zum ersten Mal seit dem 24. Februar bin ich aufgeregt, ohne dass es mit blanker Existenzangst zu tun hat. Vor einem Live-Interview wäre ich wohl auch in Friedenszeiten nervös.

Aus Slawiks Zimmer dringen Geräusche. Er ist wach. Ich gehe vorsichtig zu ihm rein und bitte höflich um ein Badehandtuch. Lächelnd gibt er mir eins. Endlich duschen. Auf das Frühstück verzichte ich. Ich komme inzwischen beinahe ohne jedes Essen aus.

Slawik erlaubt mir, mich in ein Zimmer zurückzuziehen, in dem ich allein und ungestört sein kann. Ich genieße den Moment der Einsamkeit. Es ist wie Urlaub auf einer Karibikinsel mit nur einer Touristin: Julia. Am Ende werden es zwei Stunden sein, die ich allein mit mir sein kann.

Ziehe ich den roten oder den schwarzen Pulli an? Ich wähle den schwarzen, die Farbe passt besser zur Situation. Sie ist seriös und lässt keine Emotionen erkennen. Ich werde mir große Mühe gegeben, stark zu wirken, damit niemand meinen Schmerz bemerkt.

Das Gespräch hat kaum begonnen, da ist es schon wieder vorbei. Die Fragen sind sehr allgemein gehalten, sie berühren genau das, was man halt von Leuten erfahren will, die plötzlich im Krieg erwacht sind. Ungefähr fünf Minuten Zeit habe ich, den Deutschen das Unerklärliche zu erklären. Ich kann das ZDF verstehen, dass es seinen Zuschauern in der Mittagspause nicht zu viel Krieg zumuten will. Trotzdem bin ich unzufrieden und etwas enttäuscht. Ich wollte doch so viel rüberbringen. Aber es ist gut, dass berichtet wird, dass Deutschland erfährt, was bei uns passiert.

Ich muss runter von meiner einsamen Karibikinsel, zurück in die Ukraine. Ich geselle mich zu den anderen, die wissen wollen, wie es gelaufen ist. Gut, sage ich. Das Interview hängt mir an. Egal. Es ist, wie es ist. Nachrichten von Mama und Tatjana sind eingetroffen. Alle sind wohlauf.

Ich gehe nach draußen, um frische Luft zu tanken. Ich setze mich auf eine Bank im Hof auf Slawiks Grundstück, das ich nicht mehr zu Fuß verlassen werde, weil ich nicht wieder als Spionin der Russen verdächtigt werden will. Der Himmel über der Ukraine ist von bezaubernder Schönheit, ganz klar. Die Sonne scheint und wärmt mein Gesicht. Ihre Kraft reicht noch nicht für Frühlingsstimmung. Ein paar Vögel üben für die Zeit, wenn ihre Stimmen gefragt sind, den richtigen Partner zu beeindrucken und Nester zu verteidigen. Hoffentlich erleben sie es noch.

Ich wäre gerne noch sitzen geblieben, um dem Trubel und den Diskussionen im Haus zu entgehen, aber die Sonne zieht brav ihre Bahn, und es wird zu kalt. Da ich die ganze Zeit telefoniert und Nachrichten gelesen und verschickt habe, sind meine Hände beinahe zu Eisklumpen geworden, auf der Haut zeigen sich schon blaue Spuren. Kein Wunder, dass der Husten nicht weggeht. Aber ich halte es schon an Tag zwei in dem Haus nur schwer aus, obwohl alle freundlich sind. Es ist mir alles viel zu viel. Vor allem das Sofa, auf dem ich gefühlt schon seit Monaten sitze, kann ich bereits nicht mehr sehen.

Die Männer wollen nach Bila Zerkwa in den Supermarkt fahren, und ich bitte darum, sie begleiten zu dürfen, weil einkaufen besser ist, als dem Wahnsinn zu verfallen. Sie nehmen mich mit. Wir fahren mit zwei Autos, also sitze ich – wieder mehr schweigend als redend – neben Anton.

Kennt man den Weg, dauert es nur etwas mehr als zehn Minuten.

Ein Einkauf im Supermarkt ist das Normalste auf der Welt. Man geht hin, füllt den Korb oder Einkaufswagen, zahlt und zischt wieder ab. Aber nichts ist im Krieg normal. Ich bin sehr angespannt, die allermeisten Leute sind es auch. Bei manchen kann ich die Angst in den Augen sehen. Oder bilde ich mir das ein und sehe in ihren Augen nur meine eigenen Gefühle?

Auch hier ist der Krieg nun sichtbar. Im Vergleich zu Samstag gibt es nur noch wenig zu kaufen. Die Regale und Tiefkühlschränke weisen größere Lücken auf. Ihr Anblick erfüllt mich mit Angst, da ich mich unweigerlich fragen muss, wie sie in drei Tagen aussehen werden, ob es dann noch genug zu kaufen gibt. Damit es für möglichst viele reicht, bescheiden wir uns und kaufen in gewöhnlichen Mengen Nudeln, Brot, Reis, Konserven, Zutaten für eine Soljanka, Kaugummi, Kekse und frischen Blattsalat. Die meisten tun es uns gleich. Auch hier halten die Ukrainer zusammen. Nirgendwo erleben wir Streit um knappe Lebensmittel.

Inna, die Frau von Slawiks Bruder Oleg, hat Suppe gekocht. Ich mache einen Salat. Beim Abendessen wird wieder diskutiert, Oleg redet viel und laut, Inna ist dagegen sehr still, als ginge sie all das nichts an. Weil sie das Abendessen zubereitet hat, wasche ich ab. Ein weiteres Interview für das ZDF steht an. Drei Minuten. Mir ist, als hätte ich meine Aufgabe gefunden, die darin besteht, den Deutschen zu erklären, wie hässlich der Krieg ist.

Es fällt schwer, heute Tagebuch zu schreiben. Ich knalle meinen Laptop zu und traue meinen Ohren nicht. Sirenen. Ein Angriff auf Bila Zerkwa? Bald kommt in den Nachrichten, dass unsere Luftwaffe ganz in der Nähe russische Raketen abgefangen hat. Wir atmen auf. Trotzdem ist es mit der Ruhe vorbei, das schöne Gefühl der Sicherheit dahin. Das Geheule der Sirenen hat es uns genommen, uns wird klar: Der Tod ist uns nach wie vor auf den Fersen, unser Vorsprung ist nicht der Rede wert.

Der Schock ist bei allen spürbar. Wir warten in gebannter Stille, jener unnatürlichen, gespenstischen Stille, die nur der Krieg erzeugt. Sie wird noch bedrohlicher, nachdem wir das Licht ausmachen, damit die Russen Slawiks Haus nicht sehen können. Wir beschließen, ins Bett zu gehen, aber nicht in den Keller, wo es sehr kalt ist. Der Morgen ist klüger als der Abend, versichern wir uns. Es ist auch das Eingeständnis, dass wir sowieso nichts tun können, außer zu warten und zu hoffen, dass die Sirenen schweigen.

Nachtruhe. Es müsste Nachtunruhe heißen. In meinem Kopf kreisen die Gedanken, was ich tun soll. Fahre ich von hier weg, bin ich weiter weg von meinen Eltern. Aber ist das nicht völlig egal, ob ich 100, 300 oder 1000 Kilometer entfernt von ihnen bin? Ich bin völlig erschöpft, müde und gereizt. Die Anspannung ist enorm, meine Muskeln fühlen sich an wie Stahl.

Ich will nicht sterben.

1. März – Tag sechs der Invasion

Geschafft! Die Nacht ist vorüber. Ich öffne die Augen und stelle routiniert fest, dass unser Haus steht und der Tod uns nicht im Schlaf geholt hat. Eine Feststellung, die in Zeiten des Friedens an Absurdität kaum zu überbieten wäre. Wer denkt schon nach dem Aufwachen daran, wie schön es ist, wieder aufgewacht zu sein? Vielleicht ein Krebskranker, der nach einem letzten Therapieversuch Hoffnung hat, doch noch ein paar Jahre oder wenigstens Monate leben zu dürfen. Aber im Krieg wird der Gedanke zu traurig-schöner Normalität, so wie der Griff zum Smartphone auch viel mehr ist als ein morgendliches Ritual. Jede erhaltene und gesendete Nachricht zeigt meinen Lieben und mir, dass wir sind, dass wir existieren.

Ich habe große Mühe gehabt einzuschlafen, der russische Raketenangriff hat Spuren hinterlassen, obwohl nichts passiert ist und die Sirenen in der Nacht offensichtlich nichts Unheilbringendes verkündet haben. Vielleicht habe ich es aber auch nur nicht gehört, weil Olegs Schnarchen ihr Geheul übertönt hat. Es wird gesagt, dass Gott einem Menschen so viele Prüfungen gibt, wie er ertragen kann. Nach der Nacht weiß ich mehr denn je, was damit gemeint ist. Ich brauche nur an Olegs fürchterliches Schnarchen zu denken …

Die ersten zarten Vorboten des Frühlings haben den Rückzug angetreten, das schöne Blau des Himmels ist einem trüben Weiß gewichen. Der Morgen fühlt sich an, als habe der Winter beschlossen, doch noch ein bisschen in der Ukraine zu verweilen. Es ist sehr kalt geworden, Schneeflocken hinterlassen überall ihre weißen Spuren. Dabei ist heute Frühlingsbeginn, eigentlich ein Grund zur Freude. Aber niemand hat etwas zu lachen, jeder tut die wenigen Dinge, die es für ihn zu tun gibt. Das Wetter passt sich dem depressiven Zustand an, in dem sich die Ukraine befindet. Kälte. Furcht. Verzweiflung. Unsicherheit. Leere. Welche Prüfungen hat Gott noch für uns vorbereitet? Welche es auch sein mögen, wir werden sie meistern.

Dass die Natur beim Frühlingserwachen eine Atempause einlegt, verstärkt die Melancholie. Vöglein, wo seid ihr? Sie haben ihre Proben für die warme Jahreszeit eingestellt. Ich frage mich, ob Vögel im Krieg anders singen, tirilieren und zwitschern als im Frieden, ob sie die Gefahr spüren, ob sie die Explosionen der Bomben und Granaten, das Fauchen der Kampfflieger, das Rumpeln der Panzer und das Knattern der Maschinengewehre als Bedrohung wahrnehmen und ob sie wie wir Menschen schlussfolgern: Nichts wie weg hier, hier lauert der Tod.

Ich hoffe, die Eichhörnchen bei mir in Kiew haben genügend Vorräte, jetzt, wo der Winter zurück ist und vermutlich niemand kommt, um ihnen Nüsse zu bringen, weil es zu gefährlich ist. Ich kann leider nicht, liebe Eichhörnchen, es ist zu weit und zu abenteuerlich, euch im Park zu besuchen. Eines Tages werde ich aber wieder bei euch sein und euch die leckersten Haselnüsse der Welt kredenzen, so viele, dass ihr euch den Bauch vollschlagen und trotzdem genug in eure Verstecke schaffen könnt. Es ist unvorstellbar, dass ich den Eichhörnchen vor einer Woche den Rat gegeben habe, nicht alles gleich zu essen, was ich bringe, lieber ein paar Nüsse für den Notfall aufzuheben, falls sich der Winter noch einmal von seiner harten Seite präsentiert. Nun zeigt sich das ganze Leben von seiner harten Seite, ich freue mich, wenn es im Supermarkt genügend für alle gibt, und rüste mich täglich neu für den Notfall.

Lustig, in Deutschland wird kräftig debattiert, ob Putin irre ist. Was gibt es da zu diskutieren? Sein Irrglauben, dass er uns „befreit", spricht eindeutig dafür, dass er nicht richtig im Kopf ist. Er nennt den Krieg „spezielle Militäroperation". Ich glaube, er hat eine spezielle Macke. Die Diagnose ist eindeutig. Er ist ein Psychopath. Wäre er normal, würde er seine Soldaten zurückziehen und seinen Irrtum eingestehen, dass wir nicht sein Bruder- und auch nicht sein Schwestervolk sind und nichts mit seinem hässlichen Russland zu tun haben wollen. Wir wollen in Demokratie und Frieden mit Russland leben. Aber Putin ist größenwahnsinnig wie alle Diktatoren und denkt gar nicht an eine Korrektur.

Heute schoss mir ein seltsamer Gedanke durch den Kopf. Ich bin auf der Flucht, um dem Tod zu entkommen, und sterbe dann in diesem Dörflein an ewiger Grübelei. Nein, Julia, keine Sorge, wirst du nicht. Streich den Satz schnell wieder. Oder lass ihn zur Erinnerung stehen, damit du dich in Jahren erinnern kannst, was dir in Endlosschleife durch den Kopf gerattert ist. Das Nachdenken schlägt die Zeit tot, die stillsteht. Aber auch wenn sie eilen würde, wäre es egal, weil sich die Stunden nicht unterscheiden. Ich habe nicht einmal mehr Lust, spazieren zu gehen. Ich will nicht erneut erklären müssen, keine russische Spionin zu sein. Schaut mich doch an, ich bin es, Julia, ein Nervenbündel aus Kiew, eines von 41 Millionen Opfern des russischen Kriegs. Seht ihr das denn nicht? Auch nicht meine Verzweiflung?

Mein Leben spielt sich in Slawiks Haus ab. WO SONST?! Draußen zu sitzen, ist nicht mehr möglich. Möglich schon, aber Erfrierungen kann ich nicht auch noch gebrauchen. Der Husten, der endlich abzuklingen scheint, reicht vollkommen. Mein Bewegungsradius ist winzig. Er gleicht sich meiner reduzierten Gedankenwelt an, die sich um die immer selben Fragen dreht. Soll ich in den Westen gehen? Wie geht es meinen Eltern?

Die jüngsten Nachrichten von daheim sind sehr schlecht. Die Front rückt immer näher an sie heran, sie sind umgeben vom Lärm des Krieges, immer häufiger sehen sie russische Panzer und Hubschrauber. Der Strom und die Heizung sind ausgefallen, ausgerechnet jetzt, wo wieder Minustemperaturen sind.

Die schlimmen Nachrichten aus Worsel verstärken meine Zweifel und meine Scham, Mutter und Vater alleingelassen zu haben, obwohl mir klar ist, dass ich ihnen weder Strom bringen noch die Heizung anwerfen kann. Die Herzenswärme, die ich für sie empfinde, heizt nicht das Haus.

Die Vorwürfe, die ich mir mache, zeigen die ganze Perversion des Kriegs. Ein durchgeknallter Diktator überfällt mein Land, lässt wahllos Bomben abwerfen, und ich habe ein schlechtes Gewissen meinen Eltern gegenüber, nur weil ich überleben will. Ich bin völlig unschuldig an diesem Scheißkrieg und fühle mich schuldig. Das ist absurd! Absolut verrückt! Verrückt wie alles in diesem Krieg, den wir nicht wollen.

Jetzt schaue ich nicht nur mehr ständig auf mein Handy wegen der Nachrichten, sondern ob wieder fünf Minuten rum sind. Der dauernde Blick auf die Uhr trägt obsessive Züge. Hilfe, erst 9.00 Uhr morgens. Großer Gott, erst 10.30 Uhr. Habe ich nicht gerade zehn Stunden nonstop gegrübelt und gegrübelt und gegrübelt? Müsste nicht Schlafenszeit sein? Nein? Ah, Frühstück, verstehe – noch so eine Herausforderung meines neuen Alltags. Ich habe keinen Appetit, keinen Hunger und zwinge mich inzwischen, doch ein wenig zu essen, damit ich nicht umkippe. Ich esse, weil ich muss. Nie hätte ich gedacht, dass ich das irgendwann einmal denken würde, dass Lebensmittel vielleicht knapp werden, wir nicht mehr das Haus oder sogar den Keller verlassen können, um irgendwo Essbares aufzutreiben. Hat die Menschheit nicht genug andere Probleme zu lösen? Gibt es denn gerade nichts Wichtigeres auf der Erde, als meine Ukraine zu zerstören?

Der Krieg ist in jeder Hinsicht pervers. Ich tröste mich damit, dass wir Strom, Heizung, Lebensmittel, stabiles Internet und gute Mobilfunkverbindung haben. Wenn ich das mit dem vergleiche, was meinen Landsleuten in Kiew, Irpin, Charkiw, Mariupol und anderen Städten und Dörfern im Osten der Ukraine geblieben ist, kriege ich wieder einen Wutanfall. Manchmal würde ich gerne schreien wie das menschliche Wesen auf dem berühmten Gemälde von Edvard Munch, das mir schon immer gefällt, ich aber erst jetzt in seinem ganzen Ausmaß richtig verstehe. Ich weiß, was in dem Menschen vorgeht: Er schreit vor Verzweiflung, aus Angst vor den Schrecken unserer angeblich modernen Welt.

So möchte ich auch schreien, mit genau der Intensität, wie sie auf dem Bild dargestellt ist. Vor Wut, wenn ich an die Kinder denke, wie sie leiden. Ich frage mich, wie sie mit ihrer Angst umgehen, wenn wir Erwachsenen uns schon so sehr damit quälen. Mädchen und Jungen fragen nicht mehr: Was wollen wir heute spielen? Wie lange dauert es noch bis zu meinem Geburtstag? Gibt es Leben auf dem Mars? Sondern: Wann hört der Krieg auf? Werden wir sterben? Warum kommt Papa nicht mit uns? Antons bester Freund musste seinen jüngsten Sohn zum Psychologen bringen. Die Familie hat in Worsel zwei, drei Tage ununterbrochen im Keller gelebt, während in der Nähe ihres Hauses immer wieder Explosionen zu hören waren. Aber noch größer ist die Angst gewesen, dass russische Panzer ihr Haus beschießen.

Was bleibt, ist der Zusammenhalt, der auch hier in unserem Haus spürbar ist. Wir sind wie eine richtige Familie geworden: Slawik, der schnarchende Oleg und seine Frau Inna, ihre Kinder Nastya, 13 Jahre alt, und Andrij, 18 Jahre alt. Ich mag sie alle gern. Wir haben in kürzester Zeit Routine entwickelt, den Tag zu meistern. Jeder tut, was er kann. Kocht jemand, decken andere den Tisch und waschen ab.

Zum Glück ist der Computer schon erfunden, die Kinder spielen, was die Technik hergibt.

Slawiks Nachbar hat darum gebeten, uns um seine Haustiere zu kümmern. Er ist mit seiner Frau und den Kindern Richtung Polen aufgebrochen und konnte Hund und Katze nicht mitnehmen, weil im Auto kein Platz mehr war. Nun sind der Labrador, der überaus freundliche Augen hat, und die süße Katze auf unsere Hilfe angewiesen. Inna bereitet den Tieren das Essen, und Anton bringt es ihnen. Der Nachbar hat den Hof abgeschlossen. Anton hat eine Art Angel gebaut und lässt die Speisen in einem Topf an einem Seil hinter dem Zaun herunter. Zuerst waren die beiden Tiere misstrauisch und sind nicht näher gekommen, bis sie gemerkt haben, dass Anton ihnen nichts Böses will, sondern Gutes bringt. So haben sich Anton, der Labrador und die Katze angefreundet, ohne sich jemals nahezukommen. Echte Freunde hält kein Zaun auf.

Meine Freundin Olya in Düsseldorf fragt an, wie sie mir helfen, ob sie mir etwas schicken kann. Sie ist sehr lieb und lässt mir den Raum, den ich für eine Antwort brauche, sie bedrängt mich nicht, dringt nicht in mich ein. Ihre Unterstützung meint mich und nicht sie selbst. Das ist wahres Verständnis. Der Lette nervt mich dagegen wieder: „Hast du dich schon entschieden zu gehen? Was sitzt du da noch rum? Okay, auch wenn der Krieg diese Stadt nicht berührt. Dann denk darüber nach, was in ein paar Tagen mit dem ganzen Land passieren wird! Es zerfällt langsam. Ihr werdet dort keine Zukunft mehr haben. Aber es ist deine Wahl. Natürlich kannst du bleiben." Der Mann merkt nicht, was für einen Druck er auf mich ausübt und damit alles nur viel schlimmer macht. Sein Motiv mag ehrlich sein. Aber mir jeden Tag den Untergang der Ukraine, meiner Heimat, zu prophezeien, treibt mir die Tränen in die Augen. Ich schaffe es aber auch nicht zu schreiben: Idiot, lass mich zufrieden. – Ich weiß ja, dass er es nicht böse meint.

Geschafft! Der Tag ist Geschichte. Ich habe die Zeit erfolgreich totgeschlagen. Abendessen. Danach macht jeder sein Ding. Ich sitze wie immer auf „meiner" Couch in der Küche und schreibe an meinem Tagebuch. Anton geht in sozialen Medien gegen die russische Propaganda vor, erklärt, wie es wirklich ist, dass Präsident Selenskyj Jude und kein Nazi ist. Die anderen Hausbewohner diskutieren die neuesten Nachrichten. Aber man merkt, dass auch sie müde werden vom vielen Reden und Bewerten, das nichts bringt.

Plötzlich ist ein lautes Geräusch ganz in der Nähe zu hören. Es klingt seltsam gedämpft, wie ein Grollen tief unter der Erde, so wie ich es am ersten Tag der Invasion in Kiew vernommen habe. Ein Raketeneinschlag. Inzwischen kennt jeder diesen Klang und kann ihn von jedem anderen unterscheiden. Ich bin sofort aufgesprungen. In meinem Gesicht steht die Frage geschrieben, die alle haben, die niemand aussprechen muss: Was machen wir jetzt? Alle haben Angst, auch die Männer. Aber wir sind trotzdem absolut ruhig, fast gelassen. Wir beschließen, in den Keller zu gehen und abzuwarten, ob weitere Einschläge zu hören sind. Nun erlebe ich zum ersten Mal das, wovon ich schon so viel gehört und gelesen habe: Ausgestattet mit warmen Decken und Trinkwasser steigen wir die Treppen hinab in der Hoffnung, uns dort vor den Bomben der Angreifer schützen zu können. Wir lauschen gebannt und starren auf das Licht, das den Keller spärlich beleuchtet. Ich rühre mich nicht, bin starr vor Angst und Kälte. Die Decken bringen nichts, es ist furchtbar kalt, nicht auszuhalten. Nach höchstens einer Viertelstunde gehen wir wieder nach oben. Ich bin froh. Denn erfrieren ist auch kein besonders schöner Tod.

Wenig später stellt sich heraus, dass der Fernsehturm und ein Militärdepot von Bila Zerkwa Ziele des Angriffs gewesen sind. Getroffen worden sind zwei Wohnhäuser und ein Studentenwohnheim. Menschen werden vermisst, die Suche nach ihnen hat schon begonnen. Ich stelle mir vor, wie es für die Eltern sein muss, wenn sie vom Tod ihrer Tochter oder ihres Sohns erfahren, die in Bila Zerkwa Agrarbiologie, Veterinärmedizin, Ökonomie oder Jura studiert und ihr ganzes Erwachsenenleben noch vor sich gehabt haben und nun völlig sinnlos gestorben sind, weil sie zur falschen Zeit am falschen Ort waren. Das muss brutal sein.

Wir beschließen, das Licht auszumachen und ins Bett zu gehen. Das Prozedere kenne ich schon. Der Morgen ist klüger als der Abend, sagen wir uns. Aber ich glaube nicht mehr an solche Sprüche. Sie verlieren im Krieg ihre ewige Gültigkeit.

Ich bin müde, wahnsinnig müde, und finde trotzdem keinen Schlaf. Dabei schnarcht Oleg noch gar nicht so doll wie sonst. Es ist die innere Unruhe, die wieder ihre Peitschen schwingt. Sie ist ein schreckliches Biest, das ich gerne vergiften würde. Aber ich habe nicht das richtige Mittel, der Furie den Garaus zu machen.

2. März – Tag sieben der Invasion

Die Furie hat heute Morgen noch früher und noch intensiver ihr Unwesen getrieben als gestern. Auf meine Bitte, mich noch ein wenig schlafen zu lassen, antwortet sie mit ihrer Peitsche. Das Biest zwingt mich, die Augen zu öffnen und den Tag für begonnen zu erklären.

Ja, ich lebe. Selbst diese wunderbare Feststellung hat kaum noch Tröstliches. Oder doch, hat sie. Natürlich hat sie das! Aber die Freude darüber hält nur noch 30 Sekunden an. Denn wach zu sein, heißt, dass alles Schreckliche, alles Traurige, alles Verhängnisvolle, alles Entmutigende wieder da ist. Alles fühlt sich nach Krieg an. Alles beginnt von vorn: das Totschlagen der Zeit, die Grübelei, das Warten. Ich warte, ohne zu wissen, auf was genau. Das Kriegsende? Unsere Rückkehr nach Kiew? Ein Wunder? Eine Eingebung, was ich tun soll? Ich weiß es nicht. Alles erscheint sinnlos und ohne Zukunft. Die Gedanken, mit denen ich eingeschlafen bin, stürzen gleich am Morgen wieder auf mich ein und füttern die Furie.

Ein neuartiger, bisher unbekannter Kontrast hat sich in mein Leben geschlichen, für den ich keinen passenden Begriff kenne. Ich überlege, wie ich den Zustand beschreiben soll, um ihn nicht zu vergessen, und komme auf langweilige Spannung. Oder spannende Langeweile. Auch das gehört zur Perversität des Krieges: Dass nichts passiert, ist gut. Aber zu tatenlosem Warten verdammt zu sein, erzeugt inneren Druck, der nie nachlässt. Wann kam ich mir jemals so nutzlos, so hilflos und so allein vor?

Die Spannung führt zu nervlicher Anspannung, sie wächst stündlich und droht mich zu zerreißen. Wer von Nerven wie Stahl träumt – im Krieg kriegt man sie, ohne dafür zu trainieren. Immerhin kann ich den Zustand erklären. Es ist die Tatsache, dass die Gewalt langsam und unerwartet auch in kleinere Städte und Orte eindringt, wo weder militärische noch strategische Einrichtungen existieren. Die Russen schießen wild um sich und nehmen keine Rücksicht auf die Zivilbevölkerung, heißt es überall in der Ukraine. Jede Familie kann bereits ein Lied davon singen – falls ihr noch nach Singen ist.

Die Endlosschleife aus Ich-gehe-in-den-Westen und Nein-ich-bleibe-natürlich-hier ist längst zur Seelenqual geworden, die Grübelei zur Obsession. Was tue ich überhaupt hier, in diesem winzigen Dorf mit seinen zwei Straßen und den paar Häusern? Ich fühle mich vollkommen wertlos, wie ich es so nicht von mir kenne. Der Gefühlscocktail aus Verlegenheit, Scham, Schuld, Angst, Ohnmacht und Bedeutungslosigkeit macht mich benommen und raubt mir jede Kraft, jede Lebenslust, jede Zuversicht. Und dabei müsste ich jetzt stark sein. Niemand weiß, wie alles enden wird. Schließlich hat der Krieg gerade erst begonnen.

Das Wunder, auf das ich warte, ist längst geschehen, ohne dass es jemand wahrgenommen hat. Auch ich begreife es erst jetzt. Meine Füße tragen mich, ich kann nach wie vor laufen, ohne umzufallen. Niemand weiß, wie schlecht es mir geht, wie sehr ich mich quäle – ich glaube, nicht einmal Anton hat eine genaue Ahnung davon, was in mir vorgeht. Ja, es liegt auch an mir, denn ich gebe mir Stunde um Stunde Mühe, tapfer und stark zu sein. Was ich ja auch bin. Nur gerate ich mehr und mehr an meine Grenzen, emotional und körperlich.

Ich glaube, ich muss hier weg! Ganz schnell! Auch wenn es den Abschied von Anton bedeutet und ich mich weiter von meinen Eltern entferne. Aber ich will meine Fantasie, mit dem Kopf gegen die Wand zu laufen, nicht Realität werden lassen. Ich brauche meinen Schädel zum Denken und zum Geldverdienen. Ich werde Tanja fragen, ob ich zu ihr kommen kann. Lwiw ist einige Hundert Kilometer weg von der Front, nahe an der polnischen Grenze, dort ist es sicher. Sicher? Ich lache in mich hinein wegen meines Galgenhumors. Was ist in diesem Land noch sicher? Nicht einmal das Amen in der Kirche. Wer traut sich noch zum Gottesdienst?! Die Russen bombardieren ja selbst unsere Kirchen. Diesen Barbaren ist nichts heilig.

Ich habe mich durchgerungen und Tanja geschrieben, sie hat schnell geantwortet: „Hallo, Jultschik! Alles in Ordnung?" Jultschik – wie schön es klingt, wenn sie es sagt. Ich antworte mit „gut", was sowohl wahr als auch Übertreibung ist. Irgendwie stimmt beides. Ich schreibe ihr die ganze Wahrheit: „Hier wird es bald nicht mehr so friedlich sein, wie es jetzt noch ist. Gestern hat es in der Nähe unseres Quartiers eine Explosion gegeben." Dann stelle ich die Frage, die mich bewegt: „Dürfte ich zu dir und Natalie kommen, falls ich es irgendwie nach Lwiw schaffe?" Ich hoffe sehnlichst, dass sie einwilligt. „Ja, klar", schreibt Tanja schnell zurück. Und: „Komm!" Ich umarme sie innerlich und zeige ihr meine Erleichterung: „Super, danke."

Noch ist bei Tanja eine andere Freundin, die aber schon am nächsten Tag in Richtung Österreich aufbrechen will. Das passt. Tanja mahnt mich zur Eile: „Wenn das Gebiet bei euch schon bombardiert wird, sitz nicht lange rum. Hau ab!" Ich stimme zu, erkläre ihr, dass ich mir Gedanken mache, wie ich nach Lwiw komme.

Ich frage sie: „Und wie ist es bei euch? Alles ruhig?"

Tanja: „So weit, so gut. Nur Geschäfte und Einkaufszentren sind geschlossen."

„Das freut mich. Hoffentlich bleibt es so."

„Wenn Gott will, wird es so sein."

Obwohl Tanja mit einer Freundin und einem Hund in einer winzigen Wohnung lebt, will sie mich aufnehmen. Wie wunderbar, solche Freunde zu haben. Wie wunderbar, dass jemand in Lwiw auf mich wartet. Wie wunderbar, endlich mal wieder Freude zu empfinden.

Es geht mir besser. Auch wenn mir längst klar ist, dass es sehr schwierig sein wird, in den Westen zu gehen. Von hier sind es mehr als 500 Kilometer nach Lwiw. Die Straßen in Richtung Polen sind nach wie vor sehr voll. Von Kiew nach Lwiw sind es auf der Autobahn normalerweise sechs Stunden, jetzt dauert es bis zu 20 Stunden. Züge sind überfüllt, haben gigantische Verspätungen und fallen oft aus.

Sicher ist nur: Anton kann mich nicht bringen und dann den Weg zurück zu seiner Mutter nach Worsel fahren. Dafür reicht unser Benzin nicht. Und niemand weiß, ob er in Lwiw oder sonst wo wieder tanken kann. Außerdem will er schnell zu seiner Mutter.

Ich habe Ewigkeiten telefoniert und Unmengen SMS verschickt. Es ist wie verhext, nichts klappt. Nun kann ich zu Tanja, weiß aber nicht, wie ich zu ihr hinkomme. Prompt fängt das Rattern der Endlosschleife wieder an, ob ich wirklich weiterziehen oder bleiben soll.

Gegen 22 Uhr wird erneut Bila Zerkwa bombardiert. Wir gehen nicht mal mehr in den Keller. Ich bin weniger ängstlich als gestern. Ich habe das Gefühl, den Weg aus dem Labyrinth meiner dunklen Gedanken gefunden zu haben. Die Hoffnung ist zurück.

Danke, liebe Tanja!

3. März – Tag acht der Invasion

Morgen. Mittag. Nachmittag. Abend. Nacht. Hell. Dunkel. Wach sein. Schlafen. Laufen. Sitzen. Liegen. Reden. Schweigen. Alles ist eins. Alles ist egal. Die Zeit steht still. Ein Tag ist wie die Ewigkeit. Wir leben nicht im Heute, sondern im Vorvorgestern.

Jeder im Haus starrt auf sein Smartphone und hofft auf die erlösende Nachricht, das Wunder, die Wende, den Sieg, den Frieden. Sie bleibt aus.

Ich betrachte die Bilder zerbombter Häuser, verängstigter Mütter und weinender Kinder, lese von den Toten meines Volkes. Es müssen schon Tausende sein. Manchmal werden konkrete Zahlen genannt, die das Unbegreifliche für einen Augenblick begreiflich machen. So und so viele Tote bei einem russischen Luftschlag hier, so und so viele Tote nach einem russischen Raketenangriff dort.

Unter den Opfern sind viele Kinder, denen mit einem Schlag die Zukunft genommen wird. Wie sollen ihre Eltern jemals über den Verlust hinwegkommen? Ist das überhaupt möglich? Hört der Schmerz jemals auf?

Die Trauer über die Toten und die viele Zerstörung schnürt mir die Kehle zu, dass ich kaum atmen kann. Mein depressiver Zustand macht mir inzwischen mehr Angst als das Geheul der Sirenen. Ich gehe aufrecht, aber es fehlt mir an Halt. Meine Traurigkeitsskala habe ich abgestellt, sie setzt mich zu sehr unter Druck. Ich habe keinen Einfluss auf meinen Zustand, bin in meiner Hilflosigkeit wie fremdbestimmt. Ich kann mich jedenfalls nicht zwingen, mich heute besser zu fühlen als gestern. Ich mache schließlich keine Diät, in der mich ein Punktesystem für Fortschritt belohnt oder für Rückschritt bestraft. Und überhaupt: Jeder Versuch, den Kummer rational zu erfassen und dadurch erträglicher erscheinen zu lassen, ist zum Scheitern verurteilt. Es hilft nicht, mir millionenfach zu sagen, dass Krieg ist und Millionen Ukrainer schlimmere Leiden ertragen müssen als ich. Im Krieg gibt es keine Maßstäbe für Erträglichkeit. Denn dort, wo keine Freude ist, ist nichts erträglich.

Was als Ventil bleibt, ist der Zorn. Heute trifft er den Westen. Er hat diesen Abgrund, in den wir gestürzt sind, mit ausgehoben, alle Warnungen ignoriert. Er hat Putin die Krim-Annexion erlaubt und nun, die Ukraine brutal zu überfallen. Denke ich daran, steigt unbändige Wut in mir auf, sodass ich mich wie ein Vulkan fühle, allerdings ein Vulkan ohne Kraft, randgefüllt mit Lava, doch unfähig, sie hinauszuschleudern. Könnte ich es, würde ich auf die russische Armee und den Kreml zielen.

Ich kämpfe. Jeder Ukrainer kämpft. An der Front gegen die Russen. Ums Überleben. Und dagegen an, den Wahnsinn als Normalität anzuerkennen. Nichts ist normal im Krieg. Trotzdem macht sich Routine breit. Routine beim Flüchten. Routine beim Angsthaben. Routine beim Verzicht. Routine beim Überleben. Routine beim Fluchen. Routine beim Hassen. Routine beim Nichtstun. Routine beim Rennen in den

Luftschutzbunker. Routine beim Hinabsteigen in den Keller. Routine beim Ausharren. Routine beim Hoffen. Routine beim Beten.

Ich könnte einen Ratgeber schreiben: Wie man im Krieg versucht, tapfer zu bleiben. Im Augenblick reicht mir aber mein Tagebuch. Es ist wichtig, Gedanken und Erlebtes festzuhalten, damit ich mich in vielen Jahren erinnern und meinen Kindern davon berichten kann.

Meine Eltern, Anton, seine Mama, meine Schwester und ihre Familie. Wir hätten Opfer des russischen Beschusses sein können. Bisher haben wir Glück. Weiterhin auf der Welt zu sein, ist ein Geschenk des Himmels. Ich nehme es dankend an. Tanjas Zusage, die Aussicht, bald bei ihr in Lwiw zu sein, weit weg von der Front, stärkt meinen Überlebenswillen. Dankbar bin ich auch Anton, der weiß, was ich vorhabe, aber mich trotzdem nicht drängt zu bleiben.

Tief beeindrucken mich die Berichte über Frauen, die an die Front gehen, die vielen Freiwilligen, die unter Lebensgefahr Mitmenschen Essen und Medikamente bringen, die Ärztinnen und Ärzte, die in den Kellern der Krankenhäuser notoperieren und Babys auf die Welt holen, die Feuerwehrleute, die nach Raketenangriffen ausrücken, um zu löschen. Die Solidarität im Kleinen und Großen ist überwältigend. Ich möchte sie alle umarmen, weil sie die Hoffnung auf bessere Zeiten am Leben erhalten.

Ich nähere mich einer Entscheidung und damit dem Ende der Quälerei. Ich komme langsam zur Ruhe, weil ich nun wenigstens die Sicherheit habe, nicht zu stranden, wenn ich nach Westen aufbreche – eine Sicherheit, die mir so wertvoll erscheint wie ein Luftschutzbunker.

Am Abend ist schon wieder alles anders. Schrecklich. Und schrecklich traurig. Ich habe Mama noch nie so aufgeregt erlebt wie eben. Sie, die immer ruhig, gelassen und unsere Stütze war, erzählt mit vor Angst zitternder Stimme: „Sie sind schon hier. Ich habe sie gerade gesehen. Ein russischer Panzer hat direkt vor unserem Haus gestoppt." Russische Armee in Mychajliwka-Rubeschiwka. Ich bin wieder im Panikmodus und zittere vor Angst. Lieber Gott, erbarme dich meiner Eltern und meiner Stadt.

Mama berichtet, dass die Russen die Scheiben der zwei Lebensmittelgeschäfte und des Cafés ganz in der Nähe unseres Hauses eingeschlagen und massenweise Lebensmittel rausgeschleppt haben. Hat euch euer Diktator nicht genug zu essen mit in den Krieg gegeben? Beschwert euch bei ihm, statt euer „Brudervolk" zu beklauen, ihr verdammten Idioten!

Die Angst ist riesig, dass die Russen in die Häuser eindringen, plündern, vergewaltigen und morden. Meine Eltern wollen nicht länger in ihrem Heim bleiben, sondern schnell zu Verwandten, die abseits der Hauptstraße wohnen. Um nicht gesehen zu werden, müssen sie über die Felder laufen. Aber was, wenn dort auch russische Soldaten lauern? Wer weiß, was sie tun, wenn sie meine Eltern sehen …

Ich habe es von Mama gehört! Ich habe es niedergeschrieben! Ich weigere mich trotzdem zu glauben, dass russische Panzer durch meinen Heimatort rollen und russische Soldaten plündern. Ich verachte sie und ihren bekloppten Führer.

Angst. Wut. Zorn. Panik. Verzweiflung. Ich höre die Worte von Mama, die nur eine Woche her sind: „Es gab auch schon früher Kriege, und wir sind nicht geflohen." Und nun das. Ich empfinde keinen Triumph, recht behalten zu haben. Denn darum geht es nicht. Ich flehe Mama nur an, ruhig zu bleiben und sofort zu unseren Verwandten aufzubrechen, raus aus der Schusslinie zu gehen. Ich versuche auch, Nadja zu erreichen, ob sie Worsel schon verlassen hat. Ich wähle und wähle, es kommt keine Verbindung zustande.

Ein schrecklicher Tag ist zu Ende.

4. März – Tag neun der Invasion

Wie an das Heulen der Sirenen habe ich mich an Olegs Schnarchen gewöhnt. Heute habe ich recht fest und etwas länger geschlafen. Und vielleicht hätte die Nacht noch länger gedauert, hätte das Telefon nicht gesurrt. Auf dem Display erscheint der Name von Bohdan. Es muss was passiert sein, wenn er so früh anruft, denke ich, ziehe mir die Stiefel an, gehe so leise wie möglich auf die Veranda und rufe ihn zurück, um zu erfahren, was los ist. Er sagt: „Bist du startklar? Ich kann dich nach Lwiw bringen, wenn du noch willst." Ich denke, es ist die erste echte und vielleicht letzte Chance, von hier aus in den Westen zu kommen. Ich entscheide spontan: Ja, nur weg! Ich antworte merkwürdig nüchtern, als ginge es um ein Meeting auf der Arbeit, das spontan einberufen werden musste: „Okay, gib mir eine Stunde, und dann bringt mich Anton zu dir."

Nun hat sie mich also erreicht, die frohe Kunde, auf die ich seit Tanjas Zusage so sehr gehofft habe: Mich nimmt jemand mit nach Lwiw. Aber ich freue mich nicht, sondern werde todtraurig. Alles gefriert in mir, Abschiedsschmerz macht sich breit. Ich kriege unstillbare Sehnsucht nach Kiew und meinen Eltern. Kurz überlege ich noch einmal. Hier ist es eigentlich sicher, ich verstehe mich mit allen, ich … Nein, die Entscheidung ist gefallen!

Wieder bildet sich ein Kloß im Hals, der mir den Atem nimmt. Es ist Anton, ausgerechnet Anton, der mich unterstützt und sagt, dass ich gehen soll. Ich weiß, dass er will, dass ich bleibe. Aber er sagt, dass es auch für ihn besser ist, wenn er mich in Sicherheit weiß, weil er dann nicht hin und her gerissen ist zwischen seiner Mutter und mir. Bin ich fort, kann er zurück nach Worsel, statt hier auszuharren und mir dabei zuzusehen, wie ich immer trauriger werde.

Auf nach Lwiw! Ich dusche schnell, packe meine drei Sachen und Brote für unterwegs ein. Es bleibt keine Zeit für eine Abschiedsfeier mit Abschiedsreden, noch nicht mal für Tränen. Der Weg vor uns ist lang. Wir müssen bis zum Einbruch der Dunkelheit in Lwiw sein. Nervös trinke ich einen letzten Kaffee hier im Haus in unserem Dörflein, esse ein Stück Käse und blase zum Aufbruch. Ich danke allen, vor allem natürlich Slawik, für die Freundlichkeit, Unterstützung und Gastfreundschaft. Ich umarme alle ganz fest, wünsche ihnen Stärke und verspreche, dass wir uns auf jeden Fall wiedersehen, in der Runde fröhlich an einem Tisch sitzen werden.

Anton bringt mich zu unserem Treffpunkt an einer Tankstelle in Kosjatyn [zwischen Bila Zerkwa und Winnyzja]. Er will unbedingt noch am selben Tag und bei Tageslicht zurück und möglichst bald nach Kiew in unsere Wohnung, Sachen rausholen, und dann zu seiner Mutter nach Worsel. Bohdan kommt extra aus Tscherkassy. Er sitzt schon den dritten Tag in Folge im Auto, hat es sich zur Aufgabe gemacht, Freunde und Bekannte in Sicherheit zu bringen.

Auf der Fahrt schweigen wir die ganze Zeit. Es ist ein brutales Schweigen. Ein Schweigen, das alles sagt. Keiner von uns beiden will den anderen jetzt noch etwas fragen und etwas versprechen. Das Wort Rückkehr bleibt unausgesprochen. Anton ist besorgt und traurig, verbirgt es, so gut er kann. Ich versuche zu verstehen, was gerade passiert, mit ihm, mit mir, mit uns, mit meiner Heimat, mit meiner Welt. Aber inzwischen – und das ist wichtig für uns beide – bin ich fest davon überzeugt, das Richtige zu tun.

Wieder ein Abschied. Ich bin nicht gemacht für Abschiede, kenne das Gefühl nur zu gut, auch, wie weh es tut. Aber ich habe gelernt, mich zusammenzureißen, wenn es sein muss. Wir umarmen uns minutenlang ganz fest. Jeder steigt danach in ein anderes Auto. Jeder fährt in verschiedene Richtungen. Weit weg voneinander.

Schon wieder sitze ich in einem Auto. Bohdan stellt keine Fragen, von denen er ahnt, dass ich sie nicht beantworten möchte. Es gibt kein Zurück, jedenfalls nicht heute und nicht morgen.

Wir haben die erste halbe Stunde zurückgelegt. Kilometer um Kilometer entferne ich mich mehr von allem, was ich liebe – und meinem alten Leben.

Die Sorgen um meine Eltern nehme ich mit auf die Reise. Meine Mutter habe ich seit gestern nicht mehr erreicht, die Verbindung zu ihr ist abgerissen. Ich weiß nicht, was los ist, wie es ihnen geht, ob sie in Sicherheit sind, sie es zu unseren Verwandten geschafft, Strom, warm und genug zu essen haben.

Mama weiß noch nicht einmal, dass ich schon auf dem Weg nach Lwiw bin. Das hat auch sein Gutes. Je weniger sie weiß, desto weniger sorgt sie sich um mich. Ich bin sicher, dass sie meine Entscheidung unterstützt. Sie hat immer gesagt, dass ich tun soll, was ich für richtig halte, dass es mein Leben ist. Mama hat immer recht.

Die erlösende Nachricht kommt von Vika per WhatsApp. Unseren Eltern geht es gut. Sie sind bei unseren Verwandten. Ich bin sehr erleichtert. Vika berichtet, dass sich Mama ab jetzt jeden Tag nur um 20 Uhr bei uns kurz melden wird. Ansonsten stellt sie ihr Telefon ab, weil sie es nicht mehr aufladen kann. Die Russen haben den Strom abgestellt.

Wir fahren weiter und weiter und weiter. Die Sonne scheint wieder, was ich als gutes Omen nehme. Anfangs gibt es ab und an kleinere Staus. Wir sind nicht die einzigen Leute, die Richtung Westen wollen. Später sind die Straßen leer. Wir haben extra einen Weg über holprige Nebenstraßen genommen, die durch unzählige Dörfer und an unendlich weiten Feldern und tiefen Wäldern vorbeiführen. Hier sind wir beinahe die Einzigen, die unterwegs sind. Mir wird klar, dass ich mich richtig entschieden habe. Je weiter ich mich vom Krieg entferne, desto ruhiger werde ich. Die Gegend ist sicher, Detonationen sind nicht zu hören. Angst habe ich dieses Mal nur um Bohdans Auto. Die Straßen sind voller Schlaglöcher, eine Katastrophe. Aber das ist nicht so wichtig in diesen Zeiten. Autos und Straßen kann man reparieren.

Der Weg zieht sich in die Länge. Ich staune über Bohdan, dass er durchhält. Nach den Touren gestern und vorgestern muss er hundemüde sein. Und mich fährt er nun noch nach Lwiw. Wieder fühle ich tiefe Dankbarkeit, Freunde wie ihn zu haben. Ich bin gerührt, für einen winzigen Augenblick sogar glücklich.

Kurz nach 13 Uhr zeigt das Navi an: noch mehr als vier Stunden bis zum Ziel. Das wird knapp bis zum Beginn der Sperrstunde. Wir hoffen, genug Benzin im Tank zu haben. Denn viele Tankstellen haben keinen Sprit mehr. Die Tankanzeige gibt an, dass es noch für 600 Kilometer reicht. Das sollte langen für Lwiw.

Immer wieder stoppen uns Kämpfer der Territorialverteidigung, kontrollieren unsere Ausweise und fragen, wohin wir wollen. Sie suchen nach russischen Spionen mit falschen ukrainischen Pässen, die Informationen über unsere Armee erkunden und dem Feind verraten. Bohdan erklärt ihnen, dass er mich nach Lwiw bringt. Die Kämpfer schauen in die Autos, ob wir verbotene Waren oder Waffen transportieren. Das signalisiert, dass etwas nicht stimmt. Was genau, weiß ich nicht.

Einmal sehen wir zwei ukrainische Hubschrauber, die vermutlich Lebensmittel, Medikamente oder Waffen nach Kiew transportieren.

Noch ein paar Stunden, dann steht die Welt für mich wieder offen. Ich überlege, ob ich nach Deutschland weiterreise. Von Lwiw ist es mit dem Auto etwas mehr als eine Stunde zur polnischen Grenze. Aber der Gedanke widerstrebt mir. Noch. Denn eigentlich möchte ich meine Eltern und mein Land nicht verlassen. Mein Herz schlägt schneller, wie ich es seit einer Woche pausenlos erlebe, wenn ich ins Grübeln gerate. Aber das Nachdenken ist nicht mehr so quälend und selbstzerstörerisch, es zerreißt mich nicht und zieht mich nicht runter.

Die Holperstraßen bremsen uns aus. Wir schaffen es nicht bis zur Sperrstunde nach Lwiw, das steht fest. Dann pennen wir einfach im Auto. Nein, es ist zu kalt und ein bisschen gefährlich. Wir fahren in die nächstbeste Stadt: Kremenez. Wir haben Glück, ein nettes bezahlbares Hotel zu finden. Nach einem leckeren Abendessen spüre ich so etwas wie Erholung. Ich schaffe es sogar, länger als fünf Minuten nicht auf mein Handy zu starren.

Wir sind beide sehr müde. Trotzdem will ich noch schnell einen Gedanken aufschreiben, der mir wichtig ist. Ich habe Gott entdeckt. Er ist zu meiner Stütze geworden. Seit dem 24. Februar spreche ich jeden Abend vor dem Einschlafen ein Gebet für meine Lieben. Ich flehe ihn an, sie alle am Leben zu lassen, den Krieg und das Leiden aller Ukrainer zu beenden.

So wird es auch heute Nacht sein.

5. März – Tag zehn der Invasion

Stille kann auch schön und beruhigend sein, erinnere ich mich wieder, als ich am Morgen auf einen Nadelwald vor dem Fenster unseres Hotels schaue. In Kremenez scheint die Zeit gleich mehrfach stehen geblieben zu sein. Die meisten historischen Gebäude haben den Zweiten Weltkrieg und die Sowjetunion überstanden. Die Hotelangestellten verrichten ihre Arbeit, als hätte sie die Nachricht vom Krieg bislang nicht erreicht. Und ich will nicht die Spielverderberin sein, die ihnen erzählt, was draußen, hinter den Kremenezki-Bergen, gerade Böses geschieht, wer da sein Unwesen treibt.

Märchenhaft schön ist es hier. „Malerisch" wird es sicher in Reiseführern heißen. Die kleine Stadt liegt zwischen baumbestandenen Berghängen. Sie erinnert mich daran, dass der Mensch nicht nur zerstören, sondern auch bezaubernde Orte wie diesen erschaffen kann. Ich gerate richtig ins Schwärmen. Wie aberwitzig es ist, dass es erst eines hässlichen Krieges bedarf, damit ich diesen schönen Flecken Ukraine kennenlerne.

Ich lasse mich von der Atmosphäre im Hotel anstecken, die noch nicht vom Krieg zerstört ist. Was für ein unbeschwerter Morgen! Ich stelle mir vor, dass die Hügel rund um Kremenez die Stadt bewachen und die Russen um nichts in der Welt hereinlassen würden. Ich telefoniere mit Mama, die ihre eigene 20-Uhr-Stromsparregel bei erstbester Gelegenheit über den Haufen wirft, weil sie es genauso wenig ohne ihre Julia aushält, wie ich es nicht ohne meine Mama aushalte. Sie bestärkt mich in der Absicht, nach Lwiw zu fahren, was mich erleichtert, auch wenn ich nichts anderes erwartet habe. Ach, Mama, wenn du wüsstest, wie lieb ich dich habe.

Ich nehme mir ein paar Minuten, im Internet über die Stadt nachzulesen. Ihr Name, erfahre ich, leitet sich von Feuerstein ab, der in den Kremenezki-Bergen reichlich vorkommt. Krzemień bedeutet auf Polnisch Feuerstein. Ein polnischer König schenkte die Burg von Kremenez vor fünf Jahrhunderten einer Prinzessin aus dem bedeutenden italienischen Adelsgeschlecht der Sforza, die er heiratete und somit zur Königin von Polen und Großfürstin von Litauen machte.

Wie schön es ist, Glück zu empfinden. Wir lassen uns lange Zeit beim Frühstück. Auch Bogdan genießt die Ruhe und Geborgenheit, die das Hotel und der Ort ausstrahlen. Wie gerne wäre ich jetzt Urlauberin mit genügend Zeit, Muße, Ruhe und Lust auf Entdeckungen. Aber langsam drängt die Zeit. Ich nehme mir fest vor, nach Kremenez zurückzukehren, um das berühmte Kloster zu besichtigen, zu wandern und der Legende auf den Grund zu gehen, dass die Königin, angeblich der schwarzen Magie kundig, einen sagenhaften Schatz versteckt haben soll, den ich natürlich finden werde. Schon deshalb dürfen wir den Krieg nicht verlieren. Werden wir auch nicht. Es wäre unfair. Wir wären Betrogene der Weltgeschichte, wenn uns Putin unsere Heimat nehmen würde.

Jetzt aber heißt es, den Besuch im Märchenland zu beenden und aufzubrechen. Mir wird es ein bisschen schwer ums Herz. Warum bin ich nie zuvor hier gewesen? Warum erst kurz vor ultimo? Warum schätzen wir Menschen manchmal erst dann etwas, wenn es zu spät ist oder wir es verloren haben? Ich tröste mich damit, eines Tages wieder herzukommen, und schwöre, Kremenez und seine Umgebung in meinem Ukraine-Reiseführer, den ich eines Tages schreiben werde, einen gebührenden Ehrenplatz einzuräumen.

Die Sonne scheint. Ist der Krieg vielleicht vorbei? Ich will den Traum von der heilen Welt noch ein wenig bewahren, lese keine Nachrichten, sondern dämmere vor mich hin und starre versonnen aus dem Fenster. Entlang des Weges erstrecken sich herrliche Landschaften mit Feldern, Flüssen, Tälern, Hügeln, kleinen Bergen und niedlichen Dörfern. Die Natur ist viel stärker als wir Menschen. Sie hat eine unbändige Widerstands- und Willenskraft, die auch der Krieg nicht brechen kann. Selbst von Bomben zerfetzte Wälder sterben nicht. Sie warten geduldig auf bessere Zeiten und treiben dann wieder aus.

Sogar zu lachen haben wir unterwegs. Immer wieder gibt es Wegweiser, die mit schwarzer Farbe übermalt sind, in die falsche Richtung zeigen oder Namen von Städten zeigen, die es nicht gibt. Manche sind herausgerissen. Ziel ist, die russische Armee zu verwirren. Ich glaube, die Soldaten dürfen keine Handys anmachen, um bei Google Maps nachzusehen. Ich hoffe, dass wenigstens dieser Teil der Ukraine unversehrt bleibt.

Wir kommen gut voran, nehmen nach einer Stunde sogar die Autobahn, die überraschend frei ist. Irgendwann beschließe ich, die Realität in mein Leben zu lassen, und nutze wieder mein Smartphone. Sie ist grausamer und bedrohlicher denn je. Der kurze Besuch im Märchenland wahr zu schön, um wahr zu sein – der Horror ist wieder da. Oder besser gesagt: Er war nie weg. Bei meinen Eltern im Dorf sind mehrere Häuser zerstört worden, darunter das eines Mannes, der angeblich mit seinem Handy der ukrainischen Armee Informationen über die Standorte der russischen Armee gesendet haben soll. Zur Strafe haben russische Soldaten sein Haus niedergebrannt.

Auch an Vika gehen die hässlichen Nachrichten nicht spurlos vorüber. Sie ist verzweifelt, richtig in Panik. Sie hat Angst, dass der Krieg zu ihr und ihrer Familie nach Winnyzja kommt. Sie will mit ihrem Baby nicht nach Deutschland. Nun soll Vlad zu seiner Großmutter nach Nordrhein-Westfalen. Wir haben uns heftig gestritten. Vika hat mir vorgeworfen, ihr nicht rechtzeitig von meiner Abreise erzählt zu haben. Ich hätte meinen Neffen mit nach Lwiw nehmen sollen. Aber dann hätte ich wissen müssen, dass Vlad zu seiner Oma soll. Sie selbst habe nicht genug Benzin, um zur Grenze und zurück zu kommen. Ich habe sie gebeten, ihre Wut nicht an mir auszulassen. „Bleib ruhig. Wir finden eine Lösung."

Ich muss durchatmen. Nie zuvor haben die Ukrainer so sehr zusammengehalten und sind füreinander eingestanden wie in diesen Tagen – und wir streiten uns in der Familie.

Am Ende unserer Fahrt haben wir ein Erlebnis, das ins Tagebuch gehört. Ich bin voller Bewunderung für die Freiwilligen, die helfen, dass die Ukraine nicht in Angst und Chaos versinkt. Viele junge Leute versorgen Menschen an den Straßen mit Essen und warmen Getränken. Kurz vor Lwiw stoppen wir an einem der unzähligen Kontrollpunkte. Eine junge Frau bietet uns Mohnbrötchen, Kekse und Äpfel an. „Vielen Dank, wir haben keine Kinder", sage ich, weil ich denke, die Gaben sind nur für Jungen und Mädchen bestimmt. Sie antwortet liebevoll: „Sie werden aber ganz sicher noch welche haben. Nehmen Sie bitte die Äpfel und die Kekse mit." Ich bin so gerührt, dass ich am liebsten aus dem Auto steigen würde, um die Freiwillige zu umarmen. Denn in dieser Geste steckt alles, was die Ukraine ausmacht: Freundlichkeit, Zusammenhalt, Sympathie, Liebe und Hoffnung auf eine Zukunft mit ganz, ganz vielen Kindern. Aber ich bleibe sitzen, um keinen Aufruhr zu erzeugen, und danke ihr aus tiefster Seele.

Geschafft! Wir sind am Ziel unserer Fahrt.

Lwiw kenne ich gut. Es ist eine der schönsten Städte der Ukraine mit turbulenter Kunst- und Kulturszene. Wenn die Redewendung von der „bewegten Vergangenheit" auf eine Stadt zutrifft, dann ist es Lwiw. Bewegung muss man hier wortwörtlich verstehen: Lwiw gehörte früher zu Polen, Österreich, wieder zu Polen und der Sowjetunion, ehe es ukrainisch wurde. Multikulturelles Zusammenleben mehrerer Ethnien ist in Lwiw jahrhundertealte Tradition.

Tanja und Natali empfangen uns herzlich. Wir fallen uns erleichtert und glücklich in die Arme. Auch Lucky, Natalis

Hund, freut sich über meine Anwesenheit. Ich denke nicht zum ersten Mal an diesem Tag: Wie schön kann doch das Leben sein! Wir essen gemeinsam. Wir genießen die glücklichen Minuten, sind im wahrsten Sinne des Wortes eine quicklebendige Runde. Wir plaudern und scherzen, freuen uns im Hier und Jetzt und verdrängen den Schrecken des Krieges, der nur ein paar Hundert Kilometer von Lwiw tobt.

Alles könnte so wunderbar sein … Aber schon steht der nächste Abschied an. Bogdan muss zurück – und ich bleibe. Wieder muss ich mich von einem meiner Lieben trennen. Ich habe Bogdan zum Auto gebracht. Wir haben noch einige wenige Worte gewechselt, bevor wir uns umarmt haben. Dann fährt er los. Ich schaue ihm hinterher, wie er aus meinem Leben verschwindet. Komm heil nach Hause, mein Lieber, denke ich, als das Auto nicht mehr zu sehen ist. Für ein paar Sekunden stehe ich wie angewurzelt traurig auf der Straße, muss mich sammeln, mir einen Ruck geben und zuflüstern, dass wir uns alle wiedersehen werden. Ganz gewiss.

Tanja und Natali reden mir gut zu und versichern mir, dass alles gut wird. Ich kann es noch immer nicht glauben, in Lwiw zu sein, der Stadt, die Sicherheit verspricht.

Es ist spät am Abend. Eine Sache muss ich noch erledigen. Seit Tagen drücke ich mich davor, meine Gedanken niederzuschreiben, wie enttäuscht ich von meinen russischen Freunden bin. Es tut zu weh, um es in Worten festzuhalten. Aber heute hat mir Anna* eine WhatsApp geschrieben, nun bleibt mir gar keine andere Wahl. Ein paar russische

---

* Anna heißt in Wirklichkeit anders.

Bekannte haben nachgefragt, wie es mir geht – leider nicht die Leute, die ich immer für meine Freunde gehalten habe. Wie Anna, die erst zehn Tage nach Kriegsbeginn auf die Idee gekommen ist, sich bei mir zu melden.

„Hallo, Julia, die Situation ist in den letzten Tagen nicht so gut. Es ist ein bisschen kompliziert jetzt." Sie schreibt, dass sie daran denkt, im Ausland zu arbeiten, vielleicht in Deutschland „einen besseren Job" zu finden. „Hast du vielleicht Ideen? Und wie geht es dir? Was machst du? Wo bist du gerade?"

Tja, dass die „Situation nicht so gut ist", habe ich auch schon mitbekommen, geschätztes Fräulein Anna. Aber sie meint nicht einmal die Ukraine, sondern ihr verdammtes Russland, ihren Job, ihr Geld, ihre Shopping-Pläne. Offenkundig lebt es sich nicht mehr so komfortabel, weil die Sanktionen wirken. Sie hat erst am Ende gefragt, wie es mir geht. Und auch nur mir! Als wäre ich die einzige Bewohnerin der Ukraine. Kein Wort des Mitleids, des Bedauerns oder der Verurteilung des Angriffs, den ihr Präsident zu verantworten hat. Ich fürchte, dass Anna nicht verstanden hat, was bei uns geschieht. Wir Ukrainer denken nicht an Jobs, Reisen, Shopping. Für uns geht es ums nackte Überleben. Aber das Schlimmste ist: Ich bin sicher, dass sie mir gar nicht geschrieben hätte, wenn sie nicht „Ideen" für Deutschland gewollt hätte. Das ist die ganze traurige Wahrheit.

Ich habe stundenlang überlegt, was ich ihr antworte. Ich beschließe, ihr ausführlich zu erklären, was ich erlebt habe seit dem Morgen des 24. Februar, wie es ist, von Geräuschen aus der Hölle zu erwachen, jeden Tag Angst um seine Lieben zu haben. Wie es ist, sich mit dem Tod ein Wettrennen zu liefern, seinen Alltag aufzugeben, riesige Silhouetten aus Rauch in der Landschaft zu betrachten, nächtelang auf einer Luftmatratze zu pennen und vor Sirenengeheul zu erschrecken. Wie es ist, zu erfahren, dass ein russischer Panzer vor dem Haus steht, in dem man aufgewachsen ist und die Eltern wohnen. Sie soll sehen, wie sie damit klarkommt, und dann überlegen, wie es mir gehen könnte. Vielleicht bringt es was. Ich glaube nicht, dass sie etwas kapiert. Viele Russen sind hochnäsige und egoistische Leute, die vor allem an sich denken. Was mit uns Ukrainern passiert, ist ihnen egal. Manche von ihnen, dachte ich, sind meine Freunde. Mir fällt ein, was ich einmal in Deutschland gehört habe: Wer solche Freunde hat, braucht keine Feinde. Das stimmt.

Es ist gut, dass ich vor einer Antwort stundenlang gewartet habe, dass die Wut verflogen ist. Heute, nach diesem schönen ruhigen Tag, fühle ich mich stark genug, mich zu offenbaren, die ganze Wahrheit zu sagen, ohne zusammenzubrechen. Ich werde Anna in aller Klarheit sagen, was ich denke, freundlich und ohne Sarkasmus. Aber ich werde mich nicht emotional bremsen. Wenn meine Stimme zittert, dann zittert sie eben. Wenn ich weine, dann weine ich eben.

Nach dem Abendessen trete ich auf den Balkon von Tanjas Wohnung und spreche Anna eine fünf Minuten lange Sprachnachricht auf, in der ich die vergangenen zehn Tage schildere. Sie endet mit den Worten:

„Es ist sehr schrecklich. Ich sitze hier und weiß gar nicht, was jetzt kommt, was ich morgen machen werde. In meinem Land ist jetzt echter Krieg. Im Gegensatz zu euch habe ich keine Angst, dieses Wort laut auszusprechen. Ich weiß nicht, was du da im Fernsehen hörst und was du persönlich glaubst. Aber jetzt erzähle ich dir aus meiner persönlichen Erfahrung, was bei uns passiert. Meine Eltern sitzen gerade, wie viele andere Menschen auch, unter russischer Besatzung in Angst und Dunkelheit in ihren Häusern. Auf den Straßen laufen eure Soldaten und fahren eure Panzer. Ich habe große Angst. Die Tatsache, dass ich in Sicherheit bin, bedeutet nicht, dass alles okay ist. Ich kann jetzt nicht über irgendwelche Arbeit oder über das ganz normale Leben nachdenken. Während der vergangenen zehn Tage hat sich mein Leben total geändert. Und du fragst mich über Arbeitsmöglichkeiten im Ausland? Ich will nur, dass das alles schnell zu Ende geht und die russischen Truppen aus unserem Land verschwinden. Es ist einfach nur scheiße, was hier läuft. Ich bin jetzt bei Freunden und weiß nicht, wie lange ich hierbleiben kann. Ich weiß nicht, was mich morgen erwartet. Das ist meine Realität. Alle meine Pläne und Träume haben sich auf einmal geändert. Ich kann gerade über nichts anderes nachdenken außer darüber, wie meine Familie und ich überleben. Jetzt kannst du selbst einschätzen, wie es mir geht."

Sie antwortet: „Du musst das hinkriegen, Liebes. Ich hoffe sehr, dass das alles bald zu Ende geht. Ich habe selbst kein Gefühl mehr, wie die Zukunft aussehen wird. Jeden Tag schließt etwas bei uns. Wir haben keine Meinungsfreiheit. Und überall hängen Losungen ‚NEIN ZUM KRIEG!'"

Nicht ich muss „das" hinkriegen, sondern wir, die gesamte Ukraine, denke ich und beende die Freundschaft, weil sie keine ist.

Spät am Abend kriege ich eine Nachricht von Bogdan. Er steht vor einem Kontrollpunkt in einer langen Schlange Autos mit Männern, die ihre Familien an die Grenze gebracht haben und nun zurückkehren. Er will im Auto schlafen. Es ist sicherer.

Ich hasse den Krieg!

6. März – Tag elf der Invasion

Gestern habe ich der Furie gezeigt, dass sie sich nicht alles erlauben kann. Ich habe sie in Schach gehalten. Es ist schon hell, was heißt, dass ich gut geschlafen haben muss. Hinter mir liegt die zweite Nacht in Folge ohne lästiges Sirenengeheul, ohne zu überlegen, ob es ratsam ist, in den Keller zu flitzen. Ich bin in Lwiw, in Sicherheit. Wie gut.

Guten Morgen, liebe Tanja. Guten Morgen, liebe Natali. Wie schön, dass ich bei euch sein darf. Wie schön, dass ihr da seid, bei mir. Der Tag ist schon hereingebrochen. Aber das wisst ihr ja selbst.

Draußen lebt die Stadt ihr Leben weiter, unbeeindruckt vom Krieg. Sie bietet viele Möglichkeiten, für jede und jeden etwas. An der nächsten oder spätestens der übernächsten Ecke lockt köstlicher Kaffee mit leckerem Gebäck zum Frühstück. Wie wäre es mit einem Spaziergang durch die Altstadt, das Herz von Lwiw? Wer mag, kann auf dem Rückweg sich oder seinem Hund die Haare scheren lassen. Oder was Leckeres in einem Restaurant essen. Vieles ist möglich, sogar im Krieg. Man muss nur weit genug von den Bomben entfernt sein.

Ich möchte nichts davon tun, bleibe in der Wohnung. Die Melancholie ergreift wieder Besitz von mir und beginnt, mich abermals zu lähmen. Ich fühle mich schuldig, weil ich in vermeintlicher Sicherheit bin, während ein paar Hundert Kilometer weiter weg Hunderttausende um ihr Leben zittern und rennen, in Kellern und U-Bahn-Schächten ausharren oder Abschied nehmen. Überall lauert der Tod in meinem Land, und ich soll Kaffee und Croissants genießen? Ich hasse die Situation, in die mich der Krieg getrieben hat. Es ist doch nur Glück, dass ich in Kiew und nicht in Mariupol, Charkiw oder sonst wo im Osten der Ukraine gewohnt habe. Steht mir so viel Glück zu, während meine Schwester in Panik um ihre kleine Tochter ist und meine Eltern ohne Strom, Gas und Heizung sind und nicht wissen, ob ihr Haus noch steht?

Der Krieg ist ein einziges Paradox. Ich bin froh, in Sicherheit zu sein, auch wenn sie trügerisch ist. Doch je weiter ich mich von Kiew und meinem Heimatort entferne, desto mehr plagt mich das schlechte Gewissen, desto trauriger bin ich, desto größer wird die Angst um meine Lieben. Nur einen einzigen Tag habe ich Freude empfunden. Nun geißele ich mich dafür, beschuldige ich mich, ein bisschen mehr Glück gehabt zu haben und dem Wahnsinn des Krieges entronnen zu sein. Verantwortung lastet wieder auf meinen schwachen Schultern, sie zieht mich runter und drückt mich nieder, ohne dass ich weiß, was ich dagegen tun kann, weil ich ja gar nicht weiß, für was ich Verantwortung trage. Ich kann nichts ändern am Zustand der Welt oder am Zustand der Ukraine, noch nicht mal an meinem eigenen. Ich muss alles nehmen, wie es kommt.

Die Einsamkeit tut weh. Sie ist umso schlimmer, als Tanja und Natali bei mir und lieb zu mir sind. Sie kennen meinen Schmerz, sie wissen von den vielen Abschieden und meiner Angst.

Jetzt mit Mama zu telefonieren, würde helfen. Aber ich erreiche sie nicht, sie hat das Telefon aus, oder die Leitungen sind gestört.

Wenn ich wenigstens einen Plan hätte, könnte ich damit meine innere Leere ausfüllen. Nur habe ich keinen, der mehr wäre als: irgendwie überleben, irgendwie durchkommen. Immerhin habe ich gleich ein Gespräch mit einem Journalisten aus Berlin, der mich gefragt hat, ob ich Tagebuch führe und vielleicht daraus ein Buch machen will, er würde mich unterstützen, es ins Deutsche zu übertragen. Das ist wenigstens eine Perspektive, eine Chance, meinem Land zu dienen, indem ich von den Schrecken des Krieges erzähle. Vielleicht besiege ich mit der Macht der Worte meine Ohnmacht.

Das Gespräch ist gut gelaufen. Ich glaube, er meint es ernst. Ich vertraue ihm, und er mir. Vielleicht finden wir einen Verlag.

Bohdan hat zwölf Stunden zurück nach Tscherkassy gebraucht. Ein Wahnsinn. Und das nur wegen mir, damit ich nach Lwiw komme.

Pascha hat sich freiwillig als Helfer [nicht als Kämpfer] zum Asow-Regiment gemeldet, die Einheit, von der es heißt, ihre Kämpfer seien alle Nazis. Sascha ist kein Nazi. Er liebt sein Land. Das ist alles.

Es hört nicht auf. Mit feuchten Augen betrachte ich die Fotos von der Flucht Hunderter Verzweifelter über die gesprengte Brücke über den Irpin. Jedes einzelne ist ein Stich ins Herz. Väter und Mütter rennen mit ihren Kindern an der Hand oder auf dem Arm. Manche tragen Kinderwagen, andere Haustiere. Ein Gebrechlicher wird in einer Schubkarre gefahren. Viele weinen, weil Verwandte in Irpin bleiben wollen. Unsere Soldaten helfen den Menschen, soweit sie können. Sie bergen Verletzte und bringen sie ins Krankenhaus. Die Russen schießen rücksichtslos weiter und treffen Fliehende. Es gibt Bilder von Verletzten, alles Zivilisten. Getötet werden Unschuldige. Putin, der Nazi, lässt jene ermorden, die er von „Nazis" befreien will. Weil wir Ukrainer seine Soldaten nicht mit Blumen empfangen, sondern mit „Verpisst euch", lässt er uns umbringen. Wieso schießen die Soldaten auf Zivilisten? Sie müssen doch wissen, dass sie Kinder und Alte töten. Warum weigert sich Russland, den Schritt ins 21. Jahrhundert zu gehen und sich der zivilisierten Welt anzuschließen? Warum kennt dieses verfluchte Land nur die Sprache der Gewalt? Warum lügt Putin?

Blitzkrieg. Den Begriff kenne ich von Hitler und dem Zweiten Weltkrieg. Putin wollte, dass der Blitz in der Ukraine einschlägt und uns vernichtet. Unsere Blitzableiter sind stärker. Unsere Armee leistet Großes. Ich bin stolz auf unsere Helden. Und dankbar. Aber auch traurig, wenn ich unsere Soldatinnen und Soldaten sehe, die ein Recht auf Leben haben und nun dem Tod ins Auge starren. Statt in Bars zu plaudern und in Diskotheken zu tanzen, die Natur und ferne Länder zu erkunden, sich zu verlieben, zu heiraten und Kinder zu zeugen, lernen junge Leute jetzt blitzkriegsartig, wie man sich verteidigt, schützt, versteckt, tarnt, attackiert und tötet. Sie tun es freiwillig und, wie mir scheint, gern. Es beruhigt mich zu wissen, dass es Hunderttausende Männer und Frauen gibt, die uns beschützen, unser Land und unsere Freiheit verteidigen, die bereit sind, für die Ukraine zu sterben. Könnte ich es, würde ich allen eine rote Rose schicken. Aber ich kann nicht. Tut mir leid. Ich bin in Lwiw, gefangen in meiner Hilflosigkeit.

Das Handy habe ich schon wieder pausenlos in der Hand. Mama, melde dich, damit ich etwas Ruhe finde.

7. März – Tag zwölf der Invasion

Drei Leute und ein Hund in einer Ein-Zimmer-Wohnung. Alles geht, wenn man nur will. Ich schlafe in der Küche auf einem Sofa, das sich zum Bett umbauen lässt. Gut, dass Natali Psychologin ist. Es schadet nicht, in diesen Zeiten eine Freundin zu haben, die anderen in die Seele schauen und erklären kann, warum Menschen Gutes oder Böses tun. Sie hat uns immer beruhigt und ermutigt, an eine schöne Zukunft zu glauben, auf keinen Fall an das Ende aller Tage zu denken. Tanja ist noch emotionaler und nervöser als ich. Sie sagt ständig: „Ich bete zu Gott, dass dieser Albtraum ganz schnell endet." Natali meint, dass wir auf die Aggression nicht auch mit Aggression reagieren, sondern umgekehrt positive und helle Energie in die Welt schicken sollen, damit sie doppelt zurückkommt zu uns und das Böse vernichtet wird. Das klingt gut und schön, und ich höre es gerne, weil es so einfach ist. Aber „positiv denken", wie man das nennt, fällt mir gerade soooo schwer! Außerdem will es mir scheinen: Hier in der Westukraine sind die Leute besonders mutig und warten ohne Angst auf den Feind. Aber hier kennen sie den Krieg auch nur aus dem Fernsehen und dem Internet.

Welcher Wochentag ist heute? Keine Ahnung. Ich weiß es nicht und mag nicht nachschauen. Sonntag? Vielleicht

Montag? Oder doch Mittwoch? Es ist völlig egal. Wie alle Ukrainer zähle auch ich nur noch die Tage seit der Invasion, seit für uns eine neue Zeitrechnung begonnen hat.

Ich denke an meine Eltern, wie es ihnen geht, und hoffe, dass sie sich keine Sorgen um mich machen, so wie ich mich um sie sorge. Hoffentlich kann ich bald mit Mama telefonieren. Ihre Stimme zu hören, hat beruhigende Wirkung, wie eine Medizin, die mich einige Minuten lang betäubt, damit ich alles um mich herum vergessen kann.

Ein Freund in Deutschland fragt, von was ich gerade träume, nicht nachts, sondern tagsüber. Was soll ich darauf antworten? Ist das die Zeit zum Träumen? Mein Land befindet sich im Krieg. Ich glaube fest an unseren Sieg. Aber ist das mein Traum? Ein Traum bedeutet doch, dass etwas vielleicht geschieht, man es erhofft, sich ganz doll wünscht, aber nicht sicher ist, ob es passiert, sonst müsste man doch nicht davon träumen. Ich aber bin sicher, wir werden siegen. Es ist kein Traum, sondern Gewissheit.

Manche Leute träumen von einem Flug ins All oder einer Villa am Meer. Und ich? Was war mein Traum? Ein schönes Leben in Freiheit zu haben, viel zu reisen und in Kiew eine Familie zu gründen. Der ist gerade ganz weit weg. Habe ich einen Traum? Ja, vielleicht. Die Zeit zurückzudrehen auf den 23. Februar und dann meinetwegen wie in „Täglich grüßt das Murmeltier" diesen einen Tag jeden Tag aufs Neue in unterschiedlichen Varianten zu erleben. Das würde mir schon reichen. Nur keinen Krieg! Also was antworte ich?

Ich habe dem Freund eine Sprachnachricht geschickt, ihm erzählt, was mir durch den Kopf geht.

„Ich vermisse meine Wohnung, mein Zimmer und vor allem mein Bett. Ich würde viel dafür geben, jetzt darin zu liegen und zu schlafen, einfach seelenruhig zu schlafen oder zu pennen, wie man in Deutschland sagt, und wirklich etwas Schönes zu träumen, was nichts mit dem Horrorfilm zu tun hat, in dem ich gerade unfreiwillig mitspiele. Schlafen wäre schön. Sieben oder acht Stunden am Stück, am Morgen ausgeruht sein, an die Decke schauen, langsam aufstehen, in die Küche gehen, einen Kaffee kochen und gemütlich trinken, Fran, meinem Kater, von dem ich dir erzählt habe, ein paar freundliche Worte sagen, ihn streicheln – und all das ohne Angst im Rücken, ohne bei lauten Geräuschen zu erschrecken und ohne zu denken: Wo ist noch mal der Alarmrucksack? Ich denke oft an meine Wohnung, ob sie schon von Bomben zerstört worden und alles darin kaputt ist, meine Möbel, meine Erinnerungen an Reisen, an Wanderungen, an meine Jugend. Ich sehne mich nach meiner Wohnung und der Sicherheit, die sie mir immer gab und hoffentlich bald wieder geben wird."

Ich habe immer noch nichts von meinen Eltern gehört, es ist schon der zweite Tag, an dem ich nicht weiß, wie es ihnen geht. Die Ungewissheit quält mich, weil sie in einem Gebiet sind, das die russische Armee besetzt hat. Ich weiß nicht, warum sie sich nicht melden, ob das Netz zu schlecht ist oder sie die Akkus nicht mehr aufladen können. Vielleicht … Keine Ahnung. Ich will nicht den Teufel an die Wand malen, an nichts Schlimmes denken, aber schaffe es nicht. Die Ortsausgänge unseres Dorfes sind gesperrt, man kann nicht raus, die Russen blockieren alles. Sollen sie

fliehen oder bleiben? Ich weiß es nicht, weil beides gefährlich ist. Ich bin für bleiben, aber auf keinen Fall aus dem
Haus zu gehen. Die Russen schießen wahllos auf Zivilisten,
auf Leute, von denen sie sich beim Plündern beobachtet
fühlen. Meinen Eltern keinen Rat geben zu können, macht
mich nur noch trauriger.

Das Warten auf Nachrichten meiner Schwester und meiner Eltern ist eine Tortur. Noch immer habe ich keine Nachricht von ihnen. Mein Leben dreht sich fast nur noch um
die Sorgen um meine Lieben. Was essen sie eigentlich?
Haben sie noch genug Lebensmittel? Gibt es irgendeine
Möglichkeit, dass sie sich etwas kochen können? Gibt es hu-
manitäre Hilfe? Was, wenn meine Mutter oder mein Vater
schwer krank oder verletzt werden? Lassen die Russen Helfer ins Dorf, lassen sie Lebens- und Arzneimittellieferungen
zu? Benehmen sich die russischen Soldaten anständig? Es
macht mich wahnsinnig, nichts zu erfahren. Ich sitze hier im
sicheren Lwiw und grüble ununterbrochen darüber nach, ob
es richtig war, nicht bei meinen Eltern zu bleiben, sie allein zu lassen. Soll ich zurück? Hoffentlich passiert ihnen
nichts, das würde ich mir sonst nie verzeihen, auch wenn
meine Mutter immer sagt: „Julia, du bist jung, bring dich
in Sicherheit." Ich merke mehr denn je, wie sehr ich meine
Eltern lieb habe, was sie mir bedeuten.

Wieder eine WhatsApp aus Deutschland, dieses Mal von
einer guten Bekannten. Sie will wissen, wie es mir und meinen Eltern geht und ob sie noch in Butscha sind, wo sie gar
nicht wohnen. [Unser Dorf liegt zwischen Butscha, Irpin
und Kiew – Namen, die in Deutschland inzwischen jeder

kennt.] Meine Bekannte schreibt mir das, was alle schreiben, die nicht in der Ukraine leben, dass es schrecklich sein muss und man es sich nicht vorstellen kann. Ja, das ist wohl so. Auch ich konnte es mir nicht vorstellen.

Ich habe ihr geantwortet: „Na ja … Das Schlimmste ist die Ungewissheit, dass alles unklar ist." Sie hat zurückgeschrieben: „Das glaube ich" – und ich glaube ihr! Ich denke darüber nach, wie es wäre, wenn ich solche Fragen schicken würde. Die WhatsApps sind lieb gemeint, ich freue mich über jede, aber weiß auch, dass sie Ausdruck von Hilflosigkeit sind, für die der Absender nichts kann. Der Mensch, der fragt, lebt daheim in Frieden und ohne Angst, geht seinem Job nach, weil er Geld verdienen muss, denn sein Leben geht weiter wie bisher. Meine Bekannte muss sich um ihre Kinder kümmern und in den Supermarkt gehen, Wäsche waschen, kochen, den Kindern bei den Hausaufgaben helfen. Ich spüre die Ohnmacht der Menschen, die nichts weiter tun können, als mich zu fragen, wie es mir geht, mich aber auch nicht bedrängen und mir auf die Nerven gehen wollen, was sie nicht tun. Ich möchte ja erzählen vom Krieg, meinen Eltern, den Bomben …

Das Leben im Krieg ist grausam, selbst wenn keine Bomben zu hören und keine Menschen in Panik sind. Die Endlosschleifen aus düsteren Gedanken sind ein Martyrium. Ich stehe vor der wichtigsten Frage in dieser Zeit. Auch sie droht mich zu zerreißen. Bleibe ich noch einige Tage in Lwiw, und kehre ich dann nach Kiew zurück? Oder ziehe ich weiter gen Westen, wo mich die russischen Bomben nicht erreichen? Mehrere Freunde in verschiedenen deutschen Städten haben mich eingeladen. Mir bleibt die Qual der Wahl. Mein Herz schlägt hier, für Kiew. Fahren oder bleiben? Es rast in meinem Kopf. Ich denke keine einzige Minute an etwas anderes als an diese eine Frage. Ich denke über die Wege nach, von Lwiw nach Polen und dann weiter über Berlin nach Düsseldorf zu kommen. Eine Sekunde später verwerfe ich wieder alles und beschließe hierzubleiben, meine Eltern nicht allein zu lassen. Ja, ich bleibe hier! Sekunden später prüfe ich die Alternative, in den Westen zu gehen, nach Deutschland, dort zu arbeiten und meinen Eltern Geld zu schicken. Von Lwiw aus kann ich ihnen so gut oder schlecht helfen wie von Düsseldorf aus. Also ja, ich breche morgen nach Westen auf! Nein, doch nicht, weil meine Eltern und mein Herz hier sind. Ich kann nicht als menschliche Hülle reisen und mein Herz in der Ukraine lassen. Doch, ich kann. Ich muss. Ich komme mir vor wie der Hamster im Rad, der immer weiterrennt und nie ans Ziel kommt. Hilfe! Herr im Himmel, wenn es dich gibt, dann hilf mir, eine Entscheidung zu treffen.

Es ist Nachmittag. Ich muss raus, raus aus der Wohnung, die zu klein für uns drei Freundinnen ist. Raus, spazieren. Vielleicht habe ich eine Eingebung, was zu tun ist.

Es ist wie verhext. Der Spaziergang hat nichts geändert. Wenigstens ist mein Kopf mit frischer Luft versorgt.

Zurück in der Wohnung öffne ich meinen Laptop, durchforste die sozialen Medien und lese Nachrichten, was nichts leichter, alles nur schwerer macht. Putin ist irre, dem Größenwahn verfallen, verdrängt erfolgreich, dass der

Blitzkrieg-Sieg ausgefallen ist. Trotzdem besteht er darauf, dass wir nicht in die Nato eintreten, dass wir die Krim an Russland abtreten und die „Volksrepubliken" – ich muss lachen, wenn ich den Begriff schreibe – Donezk und Luhansk anerkennen. Warum sollten wir all das tun? Nein, diese Forderungen können wir nicht erfüllen. Niemals!

Putin ist ein kranker Mensch mit krankem Hirn. Soll ich diese Bestie überhaupt noch Mensch nennen? Ich glaube, dass sein Volk gerade merkt, was er angerichtet hat. Davor hat er riesige Angst und sperrt Hunderte junge Leute ein, weil sie gegen den Krieg demonstrieren. Wenn Putin das nötig hat, ist er schon am Ende.

Endlich eine gute Nachricht. Unser Präsident hat bekannt gegeben, dass er in Kiew bleibt und nicht ins Ausland flieht. Mein Herz hüpft vor Freude. Ich bin froh, Selenskyj gewählt zu haben. Was für ein starker Mann, an dem wir uns alle aufrichten können, ein Politiker, der mehr als 40 Millionen Ukrainer zusammenschweißt. Er ist die personifizierte Hoffnung, dass bald alles wieder gut wird.

Wieder ein Angriff auf Bila Zerkwa, das täglich bombardiert wird. Gut, dass Anton in Slawiks Haus geblieben ist. Seine Mutter erlebt wie meine Eltern die russische Besatzung hautnah. Wir sind getrennt, aber in unserer Angst und Verzweiflung vereint. Anton kämpft tapfer gegen seine Hilflosigkeit an und hat auf Facebook und Instagram angeboten, Landsleute mit seinem Auto von Kiew nach Bila Zerkwa zu fahren. Das ist sehr mutig. Denn es heißt nicht weniger, als bereit zu sein, sich für andere Ukrainer in Lebensgefahr zu begeben.

Überall Tod und Verbrechen. Überall Trauer und Schmerz. Berichtet wird über ein Heim für Waisen in Bila Zerkwa mit mehr als dreißig Kindern, die seit einer Woche nur noch im Keller essen, spielen und schlafen und nicht mehr die Sonne sehen. Ist die Bürde, ohne Eltern aufzuwachsen, nicht groß genug? Mein Gott, wir leben im 21. Jahrhundert. Und im russischen Fernsehen läuft weiter die Propaganda von der „Befreiung der Ukraine von Nazis". Ich könnte jetzt hier zum tausendsten Mal meine Wut über diesen ganzen Wahnsinn zum Ausdruck bringen, aber mir schwindet die Kraft. Die Energie, die ich noch habe, brauche ich für die Entscheidung, was ich tun soll. Nach Düsseldorf? Ja, ich gehe. Es ist entschieden. Ich breche auf, gleich morgen.

8. März – Tag dreizehn der Invasion

13 Tage dauert nun schon der Krieg. 13 Tage des Grauens. 13 Tage der Tränen. 13 Tage der Flucht. 13 Tage des Wahnsinns. 13 Tage der Angst. 13 Tage des Flehens. Lieber Gott, setz dem Krieg ein Ende. Ich bete gen Himmel, einen Himmel voller todbringender Geschosse: Bomben, Raketen, Granaten und Kugeln, lauter Zeug des Teufels, das weder im Himmel noch auf der Erde etwas zu suchen hat. Ich möchte nicht länger unter diesem Himmel sein. Ich muss weg hier.

Meine Gedanken drehen sich nur noch um den Krieg, die Flucht, das Wohin und das Wie-weiter. Nichts Schönes. Nichts Erfreuliches. Nichts, was Zukunft hat. Die Entscheidung ist gefallen. Und ich bin froh, sie gefällt zu haben. Es geht nicht allein darum, dem Krieg zu entfliehen. Ich will meinem Leben wieder einen Sinn geben. So traurig es auch ist, ich werde die Ukraine verlassen. Heute. Allein. Ohne Familie. Ohne Freund. Ohne Kater. Ohne Sicherheit, ob es richtig oder falsch ist. Ohne Ahnung, wie ich nach Düsseldorf komme und wie lange ich unterwegs sein werde.

Tag 13 des Krieges ist wie der Tag der Invasion. Ich werde ihn nie vergessen.

Das Schicksal meint es gut mit mir, es unterstützt meine Pläne. Eine Bekannte von Tanja und Natali hat mir ein Bahnticket von Lwiw nach Przemyśl [in Polen] überlassen, weil sie selbst nicht reist. Abfahrt ist 13.55 Uhr. Ich habe also genug Zeit, meine wenigen Sachen zu packen, zu versuchen, mit meiner Mama zu telefonieren und zum Hauptbahnhof zu gelangen. Ich habe Vika in einer WhatsApp gefragt, ob sie unsere Eltern erreicht hat. Nein, hat sie nicht. Aber sie hat in den sozialen Medien gelesen, dass Freiwillige dabei sind, die Evakuierung unseres Dorfes zu organisieren. Wenigstens das.

Dann schickt sie eine Nachricht, die mich wie der Blitz trifft. „Dein Vater hat angerufen." Ich verstehe nicht, was und wen sie meint. Oder will es nicht verstehen. „Was meinst du, mein Vater?" Viktoria schreibt zickig zurück: „Alexander Viktorowitsch Solskij. Ist das dein Vater, oder wer? Was gibt es da nicht zu verstehen?!"

Mein Vater! Ich fass es nicht. Das ist kein Thema für WhatsApp, ich rufe Vika an. Als hätte er es gewusst, dass ich heute die Ukraine verlasse, damit ich mich auch noch über ihn ärgern kann. Seit zwei Jahren hat sich mein Vater nicht mehr gemeldet. Ich weiß nicht, wo er wohnt und was er den ganzen lieben langen Tag treibt. Und dann ruft er nicht mal mich an, sondern Vika, um uns Schwestern herzlichen Glückwunsch zum Internationalen Frauentag zu sagen. Mein Vater ist offensichtlich durch den Wind. Oder gar dem Wahnsinn verfallen. Weiß er wenigstens, dass sich die Ukraine im Krieg befindet? Aber dann freue ich mich doch, von ihm zu hören, zu wissen, dass er am Leben ist. Das ist doch gerade alles, was zählt.

Ich beende das Thema. Jetzt ist keine Zeit für aufwühlende Familiengeschichten. Ich muss einkaufen gehen, duschen und dann zum Bahnhof. Ich erkläre Vika, dass ich wahrscheinlich ewig unterwegs sein werde, bis ich in Düsseldorf bin, nicht wissend, was mich erwartet. „Bitte sag Mama nichts, bis ich heil in Deutschland angekommen bin." Vika verspricht es.

Kurz vor 13 Uhr streichle ich Lucky ein letztes Mal, bevor ich die Wohnung mit meinem Rucksack und meinem kleinen Reisekoffer verlasse. Tanja und Natali bringen mich mit dem Auto zum Bahnhof. Wir sind zwar schnell dort, aber die beiden müssen mich früh rauslassen, weil die Straßen zum Bahnhof weiträumig abgesperrt sind. Wir verabschieden uns kurz, unsere Umarmung ist fast flüchtig. Wir sind jung und wissen, dass wir uns wiedersehen werden, hier oder dort.

Selbstbewusst gehe ich Richtung Bahnhof. Nach zehn Minuten bin ich da, vor dem Gebäude befindet sich eine riesige Menschenmenge, fast nur Frauen, Kinder und einige Haustiere: Katzen, Hunde, Meerschweinchen. Noch eine halbe Stunde bis zur Abfahrt meines Zuges. Wie gut, dass ich ein Ticket habe. Auch im Inneren des Bahnhofs Menschenmassen, wohin man blickt. Ich muss meinen Zug erreichen! Die Zeit rennt, es wird knapp. Ich wühle mich durch die Menge zu einer jungen Frau in einer Weste in leuchtendem Orange, weil sie mir sagen soll, wo der Zug nach Przemyśl abfährt. Stolz verweise ich auf meine Fahrkarte. Sie zuckt mitleidig mit den Schultern und erklärt, dass es nur noch zwei verschiedene Strecken gibt, die links nach Polen und die rechts nach Tschop [an der Grenze zu Ungarn und der Slowakei]. „Sie sehen doch, was hier los ist. Die Menschen stehen Schlange bis raus auf die Straße. Niemand fährt hier mehr mit einem Fahrschein. Man muss nichts bezahlen."

Oje, was für ein Mist! Ich begreife, dass ich den vielen Menschen vor dem Bahnhof, die alle vor mir da waren, den Vortritt lassen muss, aber am liebsten würde ich mich beschweren: He, Leute, ich habe eine Fahrkarte, lasst mich durch, ich verpasse sonst meinen Zug! Aber ich schweige wie alle anderen und denke nur: Danke, Mädels, für das Ticket! Sarkasmus hilft, den Zorn zu mildern und die Tatsache zu akzeptieren, dass man nur eine unter Zehn- oder Hunderttausenden auf der Flucht ist. Wie viele Leute befinden sich allein hier, auf diesem Bahnhof? Es müssen Tausende sein. Nur heute, nur an diesem Tag! Hier begreife ich das Unbegreifliche, hier hat der Krieg eine Dimension, die nichts Gespenstisches, nichts Unsichtbares hat. Sie ist zum Greifen, sichtbar in jedem einzelnen Gesicht, vor allem den leeren, müden und verweinten Augen der Mütter und Kinder, kleiner, mittlerer, großer. Viele sind aus der Ostukraine und seit vielen, vielen Stunden unterwegs, gezeichnet von den Strapazen, der Angst, dem Kummer.

Ich habe ein Foto gemacht und es Freunden geschickt, damit sie verstehen, was hier los ist. Damit wir uns später erinnern.

Ich rede mir Mut zu: Tapfer sein, Julia. Du hast es bis hier geschafft, jetzt nicht aufgeben! Es gibt keinen Grund zu verzweifeln, es ist rappelvoll, aber nicht gefährlich, geschossen wird nicht. Das ist Lwiw und nicht Kiew. Ich muss mich nur gedulden wie alle anderen. Und ein bisschen Glück haben, in einen der Züge zu gelangen.

Aufgeregt bin ich trotzdem. Auf der Anzeigetafel gibt es keine Informationen, wann, wo und wohin irgendein Zug fährt. Ich konzentriere mich, nicht die Nerven zu verlieren, was alles andere als einfach ist. Ich könnte stundenlang warten und dann doch keinen Platz ergattern. Die Ungewissheit ist beängstigend. Das tue ich mir nicht an, denke ich und höre den Lockruf von Tanjas und Natalis Wohnung: Komm her, wir warten auf dich! Ich brauche nur umzukehren, zu klingeln und zu sagen: „Da bin ich wieder." Aber was hätte ich damit gewonnen? Dann müsste ich es morgen oder übermorgen erneut versuchen. Und dann bin ich allein auf dem Bahnhof? Träum weiter, Julia. Was, wenn dann die Bahn ihren Betrieb eingestellt hat? Niemand weiß irgendetwas.

Wieder und wieder versuche ich, Informationen darüber zu erhalten, wie man nach Przemyśl kommt. Es ist sinnlos, niemand kann mir eine Auskunft geben. Mir bleibt nichts weiter übrig, als mich in die Schlange der Wartenden einzureihen und zu hoffen, irgendeinen Zug nach Polen zu erwischen. Die Schlange ist im Schneckentempo unterwegs, sie rückt nur zentimeterweise vor. Es dauert eine Ewigkeit, bis ich die Bahnhofsvorhalle hinter mir lasse und die Tunnel zu den Gleisen erreiche. Was über uns geschieht, bleibt im Dunkel. Von Zeit zu Zeit bringen Helfer heiße Getränke, belegte Brote, Snacks sowie Saft und Kekse für die Kinder. Ich rede mit niemandem, ich wüsste auch gar nicht, worüber. Es gibt nichts zu bereden.

Ein paar Meter vor mir sitzt ein hochbetagtes Paar auf kleinen Hockern an der Wand. Die Frau wirkt unbeteiligt oder hat schon keine Kraft mehr. Ihr Mann nimmt mehrmals Anlauf, sich durch die Menge zu den Helfern durchzuwühlen, um etwas zu essen zu bekommen, aber scheitert ein ums andere Mal. Die Leute können schlecht zur Seite treten, weil es viel zu eng ist. Mir scheint es aber auch, dass Stolz eine Rolle spielt, dass der Greis niemanden um Hilfe bitten will. Als ich bei den Alten angelangt bin, hole ich mein Sandwich aus der Tasche und reiche es dem Großvater. „Hier, nehmen Sie bitte. Sie werden es mehr brauchen. Ich habe noch." Der Mann bedankt sich mit leuchtenden Augen wie ein Kind, das Schokolade naschen darf. Er will wissen, woher ich komme. „Ich bin aus Kiew", sage ich: „Und Sie?" – „Wir auch", antwortet der Opa, während seine Frau stumm neben ihm sitzt. „Bist du allein?" Ich bejahe die Frage. „Es ist gut für dich, dass du an einen sicheren Ort kommst", sagt der Alte und wünscht mir viel Glück. „Vielen Dank", sage ich. „Auch Ihnen eine sichere Reise. Passen Sie auf sich auf!"

Es wird kalt, mein Rücken fängt an zu schmerzen. Mehr als drei Stunden sind vorüber, da ertönt eine Durchsage: „Heute fahren keine Züge mehr nach Polen, der nächste ist um Mitternacht. Gleich kommt ein Evakuierungszug aus Charkiw. Sie verstehen bitte …" Während ich nach Luft schnappe, höre ich aus dem Lautsprecher: „Es besteht die Möglichkeit, einen Zug Richtung Polen zu nehmen und dort in einen Bus umzusteigen, der Sie in fünfzehn bis zwanzig Minuten zur Grenzstation Shehyn bringt. Von dort aus geht es zu Fuß über die Grenze."

Ein Stöhnen und Jammern und Fluchen geht durch die Menge. Aber niemand tobt oder dreht durch. Die Bahn kann nichts für den Krieg, das Mögliche wird getan, um den Betrieb am Laufen zu halten.

Ich muss mich entscheiden, ob ich bis Mitternacht warten oder ins Ungewisse weiterziehen will. Es ist 16.20 Uhr. Ich entschließe mich, die Bahn Richtung Polen zu nehmen, obwohl ich keine Ahnung habe, wohin sie mich bringen wird und wie ich dann nach Polen komme, geschweige denn nach Düsseldorf. Ich bin nicht die Einzige im Zug, der eher eine S-Bahn ist. Die Reise geht in einen kleinen Ort hinter Mostyska. Eineinhalb Stunden dauert sie. Der Akku meines Smartphones ist fast leer. Ich habe ein Ladekabel, aber in dem Wagen gibt es keinen Anschluss. Auf gut Glück frage ich das Mädchen gegenüber, ob sie zufällig eine Powerbank bei sich hat. Sie hat eine und gibt sie mir. Ich bin erleichtert und dankbar. Wenigstens das hat geklappt.

Ziemlich exakt um 18 Uhr erreichen wir das Ziel. Es ist schon dunkel. Erst hier an der Endstation wird mir klar, wie voll der Zug gewesen ist. Der Bahnsteig füllt sich rasch. Alles macht sich auf den Weg zu dem kleinen Bahnhofsgebäude. Wo fährt der Bus zur Grenze? Weit und breit ist nichts zu sehen. Es gibt gar keine, wir sind in Lwiw falsch informiert worden. Und nun? Zu Fuß weiter? Aber wie weit ist das denn? Ein Polizist erklärt den Weg zum Grenzübergang nach Schehyni. Er schätzt, dass wir mindestens bis 3 Uhr unterwegs sein werden. Er rät uns dringend, den Gehweg nicht zu verlassen. „Halten Sie sich von der Straße fern."

Von jetzt bis 3 Uhr sind es mehr als acht Stunden. So lange? Um Gottes willen, dann fahre ich zurück zu Tanja und Natali, ehe ich mich stundenlang durch Kälte und Dunkelheit mühe. Aber der Gedanke ist mehr Wunsch und Sehnsucht nach Geborgenheit und Wärme denn ernsthafte Überlegung. Ich schaffe das.

Der Tross setzt sich langsam in Bewegung, ein erschreckender Anblick. Es sind nur Frauen und Kinder, die sich auf den Marsch begeben. Aber ja, heute ist ja auch Internationaler Frauentag, scherze ich und staune, dass ich den Humor nicht verloren habe. Manche Mütter schleppen einen Koffer und tragen zugleich ihr Baby oder Kleinkind auf dem Arm. Manche haben Haustiere dabei. Die Bilder aus Irpin werden lebendig. Vieles erlebe ich nun selbst, auch wenn die Russen hier nicht schießen und keine Bomben abwerfen. Ich möchte am liebsten die Augen verschließen vor so viel Unglück und Elend.

Nach nicht einmal dreißig Minuten kommt unser Marsch ins Stocken. Ich stoße auf das Ende der Schlange. Nun begreife ich, warum wir erst tief in der Nacht in Polen sein werden, es müssen noch etliche Kilometer bis zur Grenze sein. Ganz ruhig bleiben, Julia, du schaffst das. Aufgeben kommt nicht infrage.

Wir stehen. Dann rückt die Schlange ein paar Meter vor, ehe sie wieder zum Stillstand kommt. Es geht immer nur in Trippelschritten voran, oft stehen wir viele Minuten auf der Stelle. Koffer hoch, Koffer runter. Koffer in die linke Hand, Koffer in die rechte Hand. Der Rücken schmerzt immer mehr, der mit Laptop, Kamera und Objektiv gefüllte Rucksack wiegt einiges. Der Weg und meine Gedanken ziehen sich gleichsam endlos hin. Einmal wünsche ich mir sogar, lieber in Worsel zu sein als hier, dann zwar in Gefahr, aber bei meiner Familie.

Mein Herz blutet wegen der vielen Kinder, die diese grausame Nacht erleben müssen. Es wird kälter und kälter, bis zu minus fünf Grad. Nur die Bewegung schützt vor der Kälte. Aber der Tross ist immer wieder zum Stehenbleiben verdammt. Helfer, die Wasser, heiße Getränke, Brote und Kekse verteilen, gibt es hier nicht. WhatsApps beantworte ich nicht mehr. Ich will nicht die Handschuhe ausziehen und mit steifen Fingern schreiben, wie es mir geht, wo ich bin und wie ich nach Deutschland komme. Ich kann sowieso keine einzige der Fragen beantworten. Ich kämpfe gerade um jeden einzelnen Schritt und verwünsche den frisch gefallenen Schnee. Nur nicht den Kopf verlieren, bloß keine Panik.

Irgendwann geht es an einem Wegweiser nach Przemyśl vorbei, der Ort, für den ich das Bahnticket hatte. „15 km" steht darauf. Manche sagen, Glück ist eine Frage der Einstellung. Vielleicht ist es so. In der Schlange kurz vor Schehyni höre ich eine Frau hinter mir, wie sie mit Freunden in Deutschland einen Treffpunkt gleich hinter der Grenze ausgemacht hat. Sie wird abgeholt und nach Hamburg gebracht. Ich frage sie, ob nicht zufällig ein freier Platz im Auto ist. Ja, einer ist noch frei. Und gerne wollen sie mich mitnehmen. Was für ein unfassbares Glück. Danke, lieber Gott!

Um Mitternacht erreichen wir Schehyni. Nun nur noch ins polnische Medyka, in normalen Zeiten ein Fußweg von nicht mal einer halben Stunde. Aber es geht weiter wie bisher.

Nach Stunden des Wartens und der Trippelschritte habe ich das Gefühl, nicht mehr ich selbst zu sein, neben mir zu stehen, als sei ich gar nicht hier, als erlebte all das nicht ich, sondern eine Fremde, die ich zufällig beobachte. Es ist ein Zustand zwischen Wachsein und Schlaf, Wirklichkeit und Traum, Aufmerksamkeit und Gleichgültigkeit. Ich fühle mich mehr als Automat denn als Mensch. Zwischen den Grenzstationen gibt es ein Café, das ich links liegen lasse. Nur keine Zeit verlieren. Automaten müssen nichts trinken, nichts essen.

Um 4 Uhr bin ich am Ziel, todmüde und mit schmerzendem Rücken. Für einen Freudentanz fehlt es mir an Kraft. Ich muss mich erst einmal aufwärmen. Einige Frauen aus meinem Zug sind schon da, viele andere mit Kindern, vor allem kleinen, treffen nach mir ein, manche weinen vor Anstrengung und Schmerzen, andere vor Glück. Ich gehöre zu Letzteren. Ich bin stark und habe die richtige Entscheidung getroffen.

Der Internationale Frauentag ist vorüber. Glückwunsch, Julia!

9. März – Tag vierzehn der Invasion

Soeben habe ich Putin meine Kündigung vor die Füße geknallt. Ich bin aus seinem Horrorfilm ausgestiegen. Ab Folge 14 muss er ohne mich drehen. Ich bin in Polen, auf Nato-Gebiet. Der Krieg liegt hinter mir. Ich habe es geschafft. Wir, die vielen Menschen vor und nach mir, haben es geschafft. Unablässig verlassen Frauen mit oder ohne Kinder die Grenzstation.

Dort drüben liegt die Ukraine, meine Heimat, die ich gerade verlassen habe, obwohl ich sie liebe. Ich kann sie noch sehen. Sie ist so nah und nun doch so weit. Ich bin froh und traurig zugleich, leer, körperlich und seelisch am Ende.

Hinter der Grenzstation gibt es ein Café, in dem ich mich aufwärme. Nur ein einziger Wunsch bleibt noch für heute: schlafen, am liebsten einen ganzen Tag lang. Und bitte in einem warmen Zimmer mit Bett, keine Luftmatratze und kein altes Sofa.

Die Frau hat Wort gehalten, sie nehmen mich in dem Minibus mit nach Hamburg. Sitzen. Danke, lieber Gott, für dieses Geschenk. Es ist wunderbar zu sitzen. Wir sind acht Leute und natürlich ein Hund, der Pico heißt. Das Auto fahren abwechselnd ein Deutscher und ein Pole, zwei nette Kerle. Die beiden anderen Frauen haben ihre Kinder dabei, zwei Jungen und ein Mädchen. Sie sind aus Krywyj Rih, der Geburtsstadt von Selenskyj.

Wir sind kaum unterwegs, da schlafe ich auch schon ein, tief und fest. Als ich aufwache, glaube ich, wir sind kurz vor Hamburg, denn es muss eine Ewigkeit her sein, seit wir losgefahren sind. Aber es ist 8 Uhr, erst drei Stunden sind vergangen. Auch die anderen schlafen. Irgendwann wacht das Auto auf, beginnt eine lebendige Unterhaltung. Wir erzählen uns gegenseitig Geschichten aus der guten alten Zeit, ich meine aus Kiew, die zwei Frauen ihre aus Krywyj Rih. Ich erfahre, dass die Tochter der einen und der Sohn der anderen Frau in Kiew studieren und ein Paar sind. So haben sich die Mütter kennengelernt. Natürlich reden wir auch über unsere Rückkehr und den Wiederaufbau der Ukraine. Die Stimmung ist gelöst, fast heiter. Wir lachen viel. Was muss eigentlich passieren, dass Ukrainer ihren Humor verlieren? Ich glaube, sie machen sogar noch während des Weltuntergangs Witze.

Pico hat mich zu seiner Freundin auserkoren. Er liegt auf meinem Schoß und lässt sich streicheln. Er mag mich, und ich mag ihn. Den kleinen Hund seelenruhig zu kraulen, gibt mir ein Gefühl von Normalität. Einfach etwas zu tun, ganz hingegeben, ohne dabei mit den Gedanken woanders zu sein, ist großartig, selbst wenn es nur das Streicheln eines Hundes ist.

Es geht an Feldern vorbei, noch von Schnee bedeckt. Keine Rauchsäulen, nirgends. Wie anders es ist, in einem Auto zu sitzen, ohne Angst zu haben, dass gleich eine Bombe auf dem Dach landet. Aber ich will nicht über den Krieg nachdenken, keine Vergleiche zwischen dem Hier und dem Dort anstellen, weil sie nicht helfen. Ich will einfach meine Ruhe haben und an eine schöne Zukunft denken, sobald Frieden ist.

Ich denke an meine Lieben daheim, würde sie gerne anrufen oder eine Nachricht senden. Aber leider habe ich nirgendwo Empfang.

Die Stunden verrinnen schnell. Vielleicht ist es die Aussicht auf das Bett, dass die Zeit plötzlich wie im Fluge vergeht. Das Auto frisst Kilometer um Kilometer. Wir halten an einer Raststätte, um zu Mittag zu essen. Alles ist so normal hier, fast verdächtig normal. Nach zwei Wochen Krieg wirkt Normalität ein bisschen surreal. Die Fahrer haben uns eingeladen. Wie so oft in diesen Tagen erfüllt mich ein Gefühl tiefer Dankbarkeit. Habe ich so viel Glück verdient? Bestimmt. Sonst hätte der liebe Gott den Platz einem anderen gegeben.

Im Restaurant funktioniert das Internet. Zuerst lasse ich Mascha wissen, dass, wenn alles gut geht, ich noch heute Nacht in Düsseldorf sein werde. Dann schreibe ich Anton, Vika und Bohdan, dass ich es geschafft habe. Kurz schaue ich in die Nachrichten. Eine Geburtsklinik in Mariupol ist von den Russen bombardiert worden. Ich drücke es ganz schnell wieder weg. Nein, heute lasse ich den Krieg nicht an mich ran.

Es geht auf 19 Uhr zu. Das Werk ist vollbracht, Hamburg erreicht. Wir halten am Hauptbahnhof und verabschieden uns herzlich, als wären wir seit Jahren enge Freunde. Einer der Fahrer bringt mich zum Bahnsteig, von dem mein Zug abfährt. Ich umarme ihn zum Dank für die wertvolle Hilfe.

Noch eine Stunde. Im Warten auf Züge bin ich inzwischen ein echter Profi. Ich setze mich auf eine Bank und übe mich in Geduld. Mein Telefon ist aus, der Akku leer. Jetzt bin ich wieder ganz allein mit meinen Gedanken und meiner Erschöpfung, fühle mich fremd. Ich beobachte die anderen Passagiere, Menschen ohne und mit ausländischen Wurzeln, Betrunkene, Obdachlose, Gescheiterte und Erfolgreiche, Glückliche und Unglückliche, Arme und Reiche. Ich hoffe, sie wissen es zu schätzen, im Frieden zu leben.

Hamburg ist die letzte Station auf meiner Flucht. Danach kommt Düsseldorf, die Endstation. Ich weigere mich strikt, mich als Flüchtling zu sehen. Mir ist bewusst, wie abstrus das ist. Aber es ist das Letzte, was mir geblieben ist, mich selbst zu behaupten, allein klarzukommen, ohne Hilfe von einem Staat, in dem ich nur bin, weil mein Land überfallen worden ist. Ich kann gut Deutsch, will arbeiten, mich selbst ernähren, auf eigenen Füßen stehen, wie man in Deutschland sagt. Ohnehin sehe ich europäisch genug aus, um nicht als Flüchtling betrachtet zu werden. Zumindest bleiben mir mitleidige Blicke erspart. Mitleid kann ich nicht gebrauchen. Mitleid kann die Ukraine nicht gebrauchen. Waffen sind wichtiger.

Gegen Mitternacht habe ich es geschafft. Im Zug hatte ich noch den Akku meines Smartphones aufgeladen, damit ich Mascha mitteilen kann, dass ich eingetroffen bin. Sie wohnt nur fünf Minuten vom Bahnhof entfernt. Hallo, Düsseldorf, ich bin wieder da! Nur nicht heulen. Genug Tränen sind vergossen. Straßen, Häuser, Geschäfte, sogar die Kioske erkenne ich alle wieder. Ich merke, wie gut es ist, dass ich hier schon gewohnt habe. Dass mir vieles vertraut ist, macht es einfacher. Hier bin ich keine Fremde. Vor allem aber bin ich heilfroh, in Düsseldorf Mascha und andere Freunde zu haben, Menschen, die mir nah und lieb sind, denen ich vertraue, die mich verstehen. Natürlich auch, dass ich ein Dach über dem Kopf habe. Und dass ich endlich schlafen kann.

10. März – Tag fünfzehn der Invasion

Nach einer Nachricht an Vika, dass ich heil bei Mascha angekommen bin, bin ich erst in ein frisch bezogenes Bett gefallen und dann sogleich in einen tiefen Schlaf. Die Furie habe ich unter Kontrolle. Ohne Angst schläft es sich eben besser. Ich habe geschlafen und geschlafen und geschlafen, vierzehn Stunden am Stück. Nichts hat mich wach gekriegt. Nicht der Wecker, nicht Mascha, nicht ihre Mitbewohnerinnen, nicht der Straßenverkehr, nicht der Gemüsehändler von gegenüber, der wie jeden Morgen frische Ware geliefert bekommen hat.

Als ich die Augen öffne, freue ich mich über alles Normale, alles Einfache, alles Schöne, alles Gute, alles Friedliche, alles Ruhige, alles Beruhigende auf der Welt. Mascha öffnet die Tür einen Spaltbreit und lugt hindurch, ob ich schon wach bin. Meine Freundin tritt herein und begrüßt mich mit einem fröhlichen „Guten Morgen", obwohl es früher Nachmittag ist. Ob ich gut geschlafen habe, will sie wissen. Natürlich hab ich das, ich bin ja bei dir, Mascha.

Als ich sie vor Tagen gefragt habe, ob ich zu ihr kann, sagte sie nur: „Natürlich. Komm und bleib, so lange du willst!"

Die Wohnung ist mir wohlbekannt, denn ich habe hier schon einmal zusammen mit Mascha gelebt. Jetzt sind wir sogar zu viert. Nein, zu fünft. Vier Frauen und ein Kater, Louie. Ohne Haustiere geht es nun mal nicht bei uns Ukrainern. Die zwei Mitbewohnerinnen sind aus Georgien. Sie haben mich herzlich aufgenommen. Wir teilen dasselbe Leid. Auch sie haben Putins Kriegslust schon zu spüren bekommen, als er seine Truppen in Georgien einmarschieren ließ. Die zwei Mädels verstehen Russisch, lehnen es aber ab, russisch zu sprechen. Sie reden mit Mascha und mir nur auf Deutsch.

Aus guter oder schlechter Gewohnheit habe ich sofort mein Handy angestellt. Ich frage Vika, wie es um die Evakuierung unserer Eltern steht, ob sie endlich bereit sind, unser Dorf zu verlassen. „Ja", antwortet meine Schwester. „Aber es gibt nichts, womit sie fahren könnten." Aufgebracht schreibe ich zurück: „Was soll das heißen? Gibt es keine Busse, die die Menschen wegbringen? Dann sollen sie rausgehen und Autos anhalten." Per Anhalter durch den Krieg. Jetzt bin ich es, die in Deutschland sitzt, Ratschläge gibt, ohne Ahnung zu haben, was genau vor Ort los ist.

Vika schreibt: „Gestern standen sie in der Nähe des Hauses auf der Straße. Niemand hat angehalten. Luba [eine mit uns befreundete Nachbarin] hat ihr Auto mit vollem Tank stehen lassen, damit es jemand benutzen kann. Sie und ihr Kind sind in einem anderen Auto weg. Auch Mama und Papa wussten, wo der Schlüssel ist. Während sie überlegten, hat das Auto irgendjemand genommen."

Ich bin konsterniert. Was nun? Vika hat keine Idee. Ich schlage ihr vor, es über Telegram oder Facebook zu versuchen. Das hat sie längst getan, ohne Erfolg. Lassen die

Russen Ukrainer überhaupt durch ihre Kontrollpunkte? „Wenn man Glück hat und sich so verhält, wie es die Russen verlangen. Man muss mit weißer Farbe klarmachen, dass Zivilisten in dem Fahrzeug sind, ein Schild mit der Aufschrift KINDER schreiben und langsam mit heruntergelassenen Fenstern fahren. Das Wichtigste aber ist, dass alle Insassen außer dem Fahrer den Kopf unten halten. Die Typen schießen, wenn ihnen danach ist." Ich antworte: „Scheiße. Was machen wir? Vielleicht sind doch noch nicht alle Nachbarn weg, und jemand nimmt sie mit."

Zwanzig Minuten später. Vika schreibt: „Sie sind auf dem Weg. Mama ist auf dem Weg. Ich rufe dich später an. Die Kleine ist gerade aufgewacht."

Meine Eltern in Sicherheit zu wissen, ist ein Himmelsgeschenk. Ich bin so glücklich in diesem Moment, wie ich es vielleicht nie zuvor war und vielleicht nie wieder sein werde. Von nun an kehrt die Leichtigkeit in mein Leben zurück.

Das späte Frühstück zieht sich hin. Ich genieße vor allem den Kaffee. Lass uns einen Spaziergang machen! Ich mag Düsseldorf, die Stadt ist freundlich und liebenswert. Überall wehen blau-gelbe Fahnen als Zeichen der Solidarität mit meinem Heimatland. Ich staune, dass überall Ukrainisch zu hören ist, was es mir ein bisschen leichter macht anzukommen. Immer wieder packt mich die Sehnsucht, manchmal auch die Traurigkeit, die auch daher rührt, dass ich von vorn anfangen muss. Ich habe keine Wohnung, keine Arbeit, fast keine persönlichen Sachen. So vieles, was ich liebe, ist in der Ukraine. Hier gibt es vorerst nur die Ungewissheit.

Louie ist ein schönes Tier mit flauschigem Fell. Ich denke, wir werden gute Freunde. Insgeheim denke ich, dass ich ihn gerne gegen Fran eintauschen würde. Das verrate ich ihm aber nicht, damit er nicht sauer ist auf mich. Außerdem bekäme ich Ärger mit Mascha. Fran geht es gut, wie ich aus Worsel weiß. Den Umständen entsprechend, wie es so schön heißt. Er hat immer noch Angst in seinem neuen Zuhause. Warum sollte es Tieren anders gehen als Menschen?

Als ich zum hundertmillionsten Mal darüber nachzudenken beginne, ob ich wirklich das Glück annehmen und hier sein darf, bremse ich mich mit einem kräftigen Jetzt-ist-aber-mal-gut. Ich bin wieder jemand. Ich werde Ukrainern, die wie ich vor dem Krieg geflohen sind, Deutsch beibringen, damit sie hier Fuß fassen. Ich werde mein Tagebuch veröffentlichen und hoffen, dass es viel gelesen wird.

Das Smartphone zeigt eine neue Nachricht an, von einer guten Bekannten aus Worsel. Sie sorgt für Gänsehaut am ganzen Körper. „WIR LEBEN."

11. März – Tag sechzehn der Invasion

Es ist ein Vergnügen, ausgeruht aufzuwachen. Zumal der heutige Tag sehr deutsch sein wird. Ich muss viele Formulare ausfüllen, dieses und jenes erklären, mich hier und dort melden. Was für ein Denksport! Deutschland hat sich nicht verändert, wenn ich den Umfang der auszufüllenden Papiere zum Maßstab für Veränderung nehme. Alles muss korrekt sein.

Mist, mir ist vorhin eingefallen, dass ich nicht auf die SMS von Roman reagiert habe. Wir waren gestern für 18 Uhr zu einer Unterrichtsstunde verabredet. Er fragte mich, ob es mir gut geht. Heute habe ich ihm endlich geantwortet, dass ich in Düsseldorf und wohlauf bin und ob er weiter Deutsch lernen will. Zur Erinnerung: Es ist Krieg, niemand weiß, was noch kommt. Ja, sehr gerne, verkündet er. Sobald Frieden ist, will er sofort mit Der-die-das-einer-eine-ein-wieso-weshalb-warum weitermachen und sich die komplizierte deutsche Grammatik einverleiben, damit er die Texte von Rammstein übersetzen kann, der Band, nach der er verrückt ist. Wie war das noch? Wohnt Roman nicht in Odessa, der Stadt, die sich Tag für Tag auf den Angriff der Russen vorbereitet? Er arbeitet beim Grenzschutz, hat Frau und zwei Kinder. Das nenne ich Zuversicht. Ich bewundere Romans Beharrlichkeit. Schon jetzt lobt die ganze Welt das

Durchhaltevermögen der Ukrainer. Was wäre erst, wüsste sie von Romans Durchhaltevermögen beim Deutschlernen? Sie wäre begeistert. Allein deshalb muss mein Buch erscheinen, damit alle davon erfahren.

Meine Eltern sind inzwischen bei Vika eingetroffen. Anton hat mir ausführlich von ihrer Evakuierung berichtet, die viel dramatischer war, als ich zunächst ahnte. Gut, dass ich nichts davon wusste.

Vika hatte ihn gestern am späten Nachmittag gebeten, Mama und Papa nach ihrer Evakuierung in Bilohorodka abzuholen. Anton machte sich sofort auf den Weg, obwohl klar war, dass er die Sperrstunde ab 20 Uhr missachten würde. Er fuhr zunächst nach Kiew, um die Heizung in unserer Wohnung anzuschmeißen. Dann weiter nach Bilohorodka. Die Straße war teilweise stockduster und völlig leer. Am Treffpunkt fanden sich ständig neue Fahrzeuge ein, versehen mit weißen Bändern. Anton wartete im Auto. Um ihn herum kam es immer wieder zu Explosionen. Er machte das Radio an, um sie nicht mehr hören zu müssen, was aber nicht funktionierte, da die Erschütterungen im Auto zu spüren waren. Der Boden bebte.

Erst um 21 Uhr trafen meine Eltern ein. Das Freudenfest kann ich mir gut vorstellen, wie sich alle in die Arme fielen. Danach sind sie nach Kiew. Sie wollten nicht im Auto schlafen. Auf der Autobahn, noch vor wenigen Tagen ein einziger Stau, hat Anton während der gesamten Fahrt nur drei Autos gezählt. Mama und Papa gingen als Erstes unter die Dusche. Denn ihre Kleidung, die sie seit Tagen nicht mehr wechseln konnten, roch stark nach Rauch. Sie hatten nur noch im Freien über offenem Feuer gekocht.

Inzwischen habe ich mit Mama telefoniert. Ihr geht es gut, sie macht mir nichts vor. Ich habe es an ihrer Stimme gehört. Anton bin ich unendlich dankbar für seine Heldentat. Dass es eine gewesen ist, kann nur der beurteilen, der den Krieg erlebt hat.

Wie sich alles fügt. Antons Mutter ist mit ihm zusammen in Slawiks Haus. Auch ihr geht es gut. Für Anton ist es wichtig, seine Mama in Sicherheit zu wissen. Fran ist ebenfalls dort, und ich hoffe ganz doll, dass er keine Angst hat, sich mit Slawiks Kater versteht und sie sich nicht um die dicksten Mäuse balgen.

Und noch eine wunderbare Nachricht habe ich erhalten, von Lisa. Auch sie hat das Wettrennen gegen den Teufel gewonnen und ist nun in Zürich, in Sicherheit und recht nah bei mir. Ich werde sie bald besuchen.

Meine Freunde, Ukrainer und Deutsche, geben sich große Mühe, dass ich mich schnell wieder einlebe. Aliona, die nun schon acht Jahre in Deutschland wohnt, hat mich zum Abendessen eingeladen. Morgen bin ich zum Frühstück bei Jeremias und seiner Freundin, auch eine Julia.

Abzuschalten fällt mir sehr, sehr schwer. Ich versuche es. Ich weiß, der Überlebenskampf ist vorbei. (Abgesehen von den deutschen Formularen.) Trotzdem ist der Krieg tief in mir. Er ist nicht vorbei, nur weil ich in Düsseldorf bin.

Was mir immer noch nicht in den Kopf will, ist, dass ein einziger durchgeknallter Diktator dieses Unheil über eine europäische Nation bringen kann. Dass die Welt ihn bis zum 24. Februar 2022 gewähren ließ, ist traurig. Lese ich im Internet die Berichte über die Gräueltaten der Russen, packt mich kalte Wut, schüttelt es mich vor Entsetzen. Das Gefühl der Hilflosigkeit ist geblieben. Ich werde demonstrieren gehen, auch wenn das einen Egomanen wie Putin nicht interessiert.

Warum hat die Ukraine nur das Pech, Russland zum Nachbarn zu haben? Stalin, Hitler, Putin: Warum muss ausgerechnet mein Land immer wieder Kriegsschauplatz irrer Despoten sein? Lasst uns in Ruhe! Ein für alle Mal.

Zu Beginn des Krieges habe ich auch die einfachen russischen Soldaten bemitleidet, die von unserer Armee getötet worden sind, und auch an deren Eltern gedacht, wie weh es ihnen tun muss. Inzwischen empfinde ich nichts mehr für sie. Sie haben den Krieg angefangen, nicht wir. Ich interessiere mich nur noch für Erfolgsmeldungen unserer Armee. Ist es nicht traurig, dass man den Tod anderer Menschen bejubelt? Gewiss. Aber ich kann nicht anders. Es ist Putin, der mich gezwungen hat, mein Land zu verlassen und mein Leben in Kiew aufzugeben. Seine Lügen, seine Boshaftigkeit, seine Unverfrorenheit haben mich hart gemacht, gefühllos gegenüber unserem Feind. Die Russen terrorisieren die Zivilbevölkerung. Jeden Tag werden Dutzende oder Hunderte Ukrainer getötet. Eltern trauern um ihre Töchter und Söhne, Kinder verlieren ihre Mama, ihren Papa, Frauen werden zu Witwen, Männer zu Witwern. Die russischen Soldaten wissen genau, dass ihre Raketen, Bomben, Granaten und Gewehrsalven töten, verletzen und zerstören. Aber sie feuern selbst dann, wenn an Gebäuden oder auf Autos in weißen Großbuchstaben KINDER steht. Sie töten. Deshalb töten wir sie. Gott wird entscheiden, wer in der Hölle schmoren muss. Es tut mir leid, dass ich kein Mitleid mehr mit ihnen habe. Oder vielleicht habe ich es noch und fühle es nur nicht, abgestumpft, wie ich bin.

Wie verarbeitet man Kriegserlebnisse? Sie niederzuschreiben, scheint mir gutzutun. Ich werde lernen, nicht immer nur an den Krieg und meine Heimat zu denken. Es hat keinen Sinn, es führt ins Nichts. Ich habe genug in Angst gelebt, genug geflucht, geheult und getrauert. Die ewige Schwermut muss ich loswerden, den Blick nach vorne richten. Ich bin zu jung, um mein Leben in einem Tal der Tränen zu verbringen. Ich muss wieder Vertrauen zur Menschheit, zum Leben und zu mir fassen. Die tiefe Dankbarkeit trägt mich. Sie gilt allen, die mich unterstützt haben, den Wahnsinn zu überstehen. So viele haben ihr Leben riskiert, damit ich überlebe. Ich denke dabei auch an jene, deren Namen ich nicht kenne, die ich nie gesehen habe und nie kennenlernen werde. Habe ich eigentlich ein einziges Mal an den Lokführer gedacht, der mich zur Grenze brachte? Guter Mann, ich verneige mich vor Ihnen. Auch dank Ihnen bin ich in Sicherheit und kann darüber nachdenken, wie es weitergeht. Ich könnte als Dolmetscherin arbeiten oder Deutsch unterrichten. Ich werde mir eine eigene Wohnung suchen und mich für die Ukraine engagieren. Und mein Tagebuch vollenden. Mal schauen, was kommt.

Es bleibt die Hoffnung, bald heimkehren zu können. Ich merke, dass ich mein Herz nicht in der Ukraine gelassen habe. Denn ich bin jede Stunde mit dem Herzen bei ihr.

Epilog – Tag siebenundneunzig der Invasion

Ich habe noch nie so viele weinende Menschen gesehen wie in diesem furchtbaren Krieg. Millionen Ukrainer haben Tränen vergossen: vor Schmerz über die Toten und Verletzten, die Opfer russischer Massaker, Vergewaltigungen, Deportationen, zerbombten Städte und Dörfer, zerschossenen Krankenhäuser, verwüsteten Schulen, demolierten Fabriken, zertrümmerten Kulturdenkmäler, beschädigten Museen und zerborstenen Kirchen. Geweint haben Frauen, deren Männer gefallen sind, Eltern, die ihre Kinder tot in den Armen hielten, und Kinder, die ihren Vater, ihre Mutter oder beide verloren haben. Getrauert haben wir, dass es erst all des Leids bedurfte, bevor die Welt erkannte, dass Putin ein blutrünstiger Schlächter ist.

Es gab auch Tränen der Freude. Wenn die erlösende Nachricht kam: Wir leben. Ich lebe. Frauen weinten vor Glück, wenn sie in den Kellern der Krankenhäuser gesunde Babys zur Welt brachten. Tränen flossen, wenn sich getrennte Familien nach Tagen oder Wochen der Angst in die Arme fielen und wiederfanden. Menschen in Städten und Dörfern hatten feuchte Augen, wenn die ukrainische Armee die Russen vertreiben und sie in ihre Wohnungen und Häuser zurückkehren konnten. Zu Tränen rührten die Solidarität untereinander und die Hilfsbereitschaft auf der ganzen Welt.

Ich glaube, hätte man alle Tränen aufgefangen, die wir Ukrainer seit dem 24. Februar 2022 vergossen haben, würden sie reichen, eine riesige Welle zu erzeugen, die Russland verschlingt. Das wäre nur gerecht.

Auch ich habe viel geweint. Der Abschied von meinen Eltern war das Schmerzhafteste, das ich im Krieg erlebt habe. Wäre ihnen etwas zugestoßen, hätte ich es mir nie verziehen, sie zu Hause allein gelassen zu haben. Gott sei Dank ist Mama und Papa nichts passiert. Der Wunsch, sie zu umarmen, mit ihnen an einem Tisch zu sitzen, Borschtsch zu löffeln und Karten zu spielen, begleitet mich jeden Tag. Aber ich weine inzwischen nicht mehr, weil ich keine Tränen mehr habe.

Der Krieg hat mir viele Lektionen erteilt. Ich habe Demut gelernt, die einfachen Dinge des Lebens zu schätzen. Ich weiß jetzt, wie schnell alles vorbei sein kann. Wirklich alles. Zu den Perversionen des Krieges gehört der Zufall, im richtigen Augenblick am richtigen Ort zu sein. Wer im falschen Augenblick am falschen Ort auftaucht, riskiert, erschossen zu werden. Der Vater einer Freundin von Lisa, ein Zivilist, ist in seinem Haus in Sjewjerodonezk von einem russischen Scharfschützen umgebracht worden. Nur kann niemand sagen oder ahnen, wann ein Augenblick und ein Ort richtig oder falsch sind. Krieg ist auch Lotterie. Die eine Familie verliert alles, weil ihr Haus zerbombt wird, die andere kommt mit dem Schrecken davon, weil sie hundert Meter weiter wohnt. Bohdan hatte Kiew verlassen, da traf einen Tag später eine Rakete das Hochhaus schräg gegenüber seiner Wohnung. Es kann schnell gehen, wenn man Pech hat.

So ist der Krieg. Die Kontraste sind brutal, oft surreal. Die Sehnsucht nach Normalität treibt die Menschen in den nicht umkämpften Städten aus den Kellern und Luftschutzbunkern. Ein Bericht von Bohdan aus Tscherkassy über friedliche Stunden mitten im Krieg hat mich tief bewegt. Er schickte ihn mir im April.

„Der Frühling ist da. Die ersten Blumen und Bienen tauchen auf, die Natur erwacht aus ihrem Winterschlaf. Die Parks und Gärten sind überfüllt. Normalerweise sind tagsüber alle bei der Arbeit, aber Tagesablauf und Rhythmus haben sich geändert. Kürzlich bin ich mit dem Fahrrad an einem Jahrmarkt vorbeigekommen. Ich hatte das Gefühl, dass sich ganz Tscherkassy und sämtliche Fremden in der Stadt – Menschen auf dem Weg nach Westen – auf dem Festplatz versammelt hatten. Es fehlte an nichts. Karusselle, Zuckerwatte, Eiscreme, Kinderlachen. Es gab sogar ein Riesenrad, das sicherlich kilometerweit zu sehen war. Es lief amerikanische Musik aus den Fünfziger- und Sechzigerjahren, Frank Sinatra etwa. Die Atmosphäre war entspannt und freundlich. Plötzlich ertönten Sirenen, auch Kampfjets waren zu hören. Es kam nicht zu Panik, aber alles zum Stillstand. Wir haben uns darauf eingestellt, sind es gewohnt. In Tscherkassy gibt es jeden Tag fünf bis zehn Mal Fliegeralarm. Die Raketen sind zu Zielen in anderen Städten unterwegs. Trotzdem wird allen geraten, in einen sicheren Unterschlupf zu gehen und darauf zu warten, dass der Alarm aufgehoben wird. Geschieht das, sind alle

Leute jedes Mal froh. Was für ein Unterschied zwischen dem Horror des zerbombten Mariupol mit Tausenden Toten und Leichen auf den Straßen, die noch immer nicht beerdigt worden sind, und dem friedlichen Tscherkassy, das versucht zu leben, Saat auf den Feldern auszubringen und den Vertriebenen zu helfen, die alles verloren haben, was sie besaßen."

Antons Cousin Sascha und seine Familie hatten sich einen Holzofen direkt in die Küche gebaut, um es einigermaßen warm zu haben und zu kochen. Sechs Leute lebten während der russischen Besatzung von Worsel in dem rauchgeschwängerten Raum, nur fünfzehn Quadratmeter groß. Sie mussten immer wieder raus, Brennholz beschaffen und nachlegen. Anton sagte mir: „Ich weiß nicht, wie seine beiden Kinder das überlebt haben."

Jeder Ukrainer kann inzwischen Geschichten wie diese erzählen. Sie klingen stets wie aus einer anderen Zeit und aus einer anderen Welt.

Der Horror hört nicht auf. Die russischen Soldaten ermorden Zivilisten, zerstören, verschleppen Ukrainer, sie vergewaltigen und rauben. Am Ende dieses Krieges wird jede Ukrainerin und jeder Ukrainer um einen Verwandten, Freund, Nachbarn, Kollegen, guten Bekannten getrauert haben. Die Wunden werden niemals heilen.

Ich gehöre zu den Ukrainern, die bisher kein Familienmitglied oder guten Freund verloren haben, und bete jeden Tag zu Gott, dass es so bleibt. Unser Haus in Mychajliwka-Rubeschiwka ist heil geblieben, im Gegensatz zu vielen anderen Häusern in und um Worsel. Nachbarn, die ich seit meiner Kindheit kenne, wurden ausgeraubt, ihre Häuser zerstört oder niedergebrannt. Überall in der Ukraine haben sie geplündert und geklaut: Mikrowellen, Föhne, Flachbildfernseher, Telefone, Computer, Laptops, Tablets, Waschmaschinen, Teppiche, Geschirrspüler, Schmuck, sogar Kleidung, Schuhe und Kinderspielzeug.

Den russischen Soldaten fehlt es nicht nur an Waschmaschinen, Föhnen und Klamotten, sondern leider auch an Gehirn, das sie einschalten könnten. Sonst wüssten sie, dass sie gekommen sind, um uns, ihr „Brudervolk", von „Neonazis und Drogenabhängigen" zu „befreien", und nicht, um TV-Geräte und Mikrowellen zu rauben. Über den Irrwitz könnte ich fast lachen, wäre es nicht so traurig. Die Russen überfallen ein Land, morden und zerstören, um Computer und Schuhe zu erbeuten. Wenn wir gewusst hätten, dass es Putins Soldaten um Flachbildfernseher und Tablets geht, hätten wir sie ihnen geschickt. Dann hätten sie sich und uns den Krieg ersparen können.

Man darf seinen Galgenhumor nicht verlieren. Emotionen sind von großer Bedeutung im Überlebenskampf. Der Schmerz, den wir Ukrainer gemeinsam erleben, hat uns zusammengeschweißt. Putins Plan, das Land zu spalten, ist gescheitert. Unter den russisch sprechenden Ukrainern gab es im Osten der Ukraine den ein oder anderen, der sich nach dem russischen Reich gesehnt hat, weil er der Propaganda des Kremls glaubte, dass uns Putin mehr Wohlstand und höhere Renten beschert. Nun wissen auch sie: Russland bringt Schutt und Asche, Tod und Verzweiflung.

Die Trauer hat uns vereint. Und Präsident Selenskyj. Was haben wir vor der Wahl über den Mann gestritten. Die

Diskussion war so leidenschaftlich wie die, ob man sich gegen Corona impfen lassen soll oder nicht. Leider mitunter auch genauso bizarr und idiotisch. Selenskyj hat polarisiert. Die einen sahen in ihm einen Komödianten und Schauspieler, die anderen, zu denen ich gehörte, hielten ihn für einen Hoffnungsträger und Reformer, der die Korruption bekämpft, die Demokratie stärkt und uns weiter auf Kurs Europa hält.

Diejenigen, die wie ich Selenskyj gewählt haben, vertrauten ihm von Anfang an. Er ist garantiert nicht bestechlich, sondern dient dem Volk. Wir wussten, dass er uns nicht für Millionen Dollar an Russland verraten wird. Der Präsident rechtfertigt das Vertrauen in ihn jeden Tag aufs Neue. Wir werden ihm ewig dankbar sein. Auch deshalb, weil er die Ukraine vor dem Krieg auf einen guten Weg brachte. Unsere Wirtschaft boomte. Die Ukraine ist ein bedeutender IT-Standort geworden. Für junge Leute eröffneten sich ungeahnte Perspektiven. Kiew war eine blühende Stadt voller Leben, die coolste Stadt, in der ich bisher gewohnt habe.

Ich hoffe total, dass wir bald auf diesen Pfad zurückkehren und den Wiederaufbau unseres Landes angehen können. Ich möchte auf alle Fälle dabei helfen. Sobald der Krieg vorbei ist, werde ich Deutschland in tiefer Dankbarkeit, dass ich hier sein durfte, verlassen und nach Kiew zurückgehen. Ich bin sicher, dass die allermeisten Ukrainerinnen, die wie ich ins ausländische Exil gegangen sind, ebenfalls in ihre Heimat, zu ihren Männern und Söhnen zurückkehren werden.

Ich habe große Sorge, dass der Westen „kriegsmüde" wird. Die Welt hat Putin diesen Krieg erlaubt. Nun sollte sie sich wenigstens nicht an ihn gewöhnen. Ich flehe die Menschheit an, mein Land weiter zu unterstützen, auch mit Waffen. Jeder, der sagt, gebt Russland die Krim und was es sonst noch haben will, dann ist Frieden, dann haben wir unsere Ruhe und müssen uns keine Fotos mehr von Toten und zerbombten Städten ansehen, hat noch immer nicht verstanden, dass Putin nie aufhören wird, bis er die Ukraine vollständig erobert hat. Danach ist das Baltikum dran.

Jedes Land hat seine guten und schlechten Seiten. Aber verdammt, es gibt keine einzige Nation, die zu Beginn des 21. Jahrhunderts einen Völkermord begeht. Ja, ich meine die ganze russische Nation. Es ist schließlich nicht so, dass der Krieg allein Putins Teufelswerk ist. Die große Mehrheit der Bevölkerung unterstützt ihn, seine Soldaten befolgen blind seine Befehle. Wir Ukrainer werden niemals aufgeben und unser Territorium nicht an Russland abtreten. Wir sind mutig, stolz und frei. Wir werden aus den Trümmern auferstehen und unser Land wieder aufbauen, schöner als je zuvor. Die Ukraine gehört zu Europa. Wir wollen kein Bestandteil von „Neu-Russland" werden. Für mich jedenfalls gilt: Ich will nicht in Russland leben, sondern in der Ukraine.

Anhang: Nadjas Bericht der Evakuierung aus Worsel

24. Februar 2022. Um sechs Uhr morgens erreichte mich eine Mitteilung des Bildungsministeriums: „Die Schule fällt heute aus. Bitte teilen Sie dies den Kindern mit." Was? Wieso? Ich schaltete den Fernscher ein und erfuhr: Russland hatte die Ukraine angegriffen.

Intuitiv dachte ich daran, das Auto vollzutanken. Dafür stellte ich mich fünf Stunden in die Schlange vor der Tankstelle.

Die ersten Tage hofften meine Familie und ich auf ein schnelles Ende des Krieges. Am dritten Tag nach der Invasion fiel der Strom aus. Danach wurde es immer schwieriger, positiv zu bleiben. Der Knackpunkt war Tag acht des Krieges. Wir saßen am Abendbrottisch, als wir Lärm von der Straße hörten. Wir gingen zum Fenster und sahen, was wir nicht glauben konnten: Panzer. Ein ganzer Konvoi feindlicher russischer Panzer auf unserer Straße. Aus einem der Panzer lugte ein Soldat hervor und bewegte seinen Kopf nach allen Seiten, der Geschützturm des Panzers und das Panzerrohr drehten sich mit ihm. Wir ließen uns zu Boden gleiten und schlichen zur Treppe, die in den Keller führte. Ein Schuss aus dem Panzer, und das Haus mit uns darin wäre weggeflogen. Noch mehr fürchteten wir, die russischen Soldaten könnten in unser Haus eindringen. Wir hatten Angst. Es waren unglaublich beängstigende dreißig Minuten, die ich nie vergessen werde. Wir hörten Motorenlärm und Geschützfeuer in unmittelbarer Nähe. Nach einiger Zeit schienen die Panzer abzudrehen, hielten aber am Ende der Straße und begannen, in Richtung Irpin zu schießen. Dann, nach endlosen Minuten, wurde es ruhiger. Endlich trauten wir uns auf die Straße und sahen aufgerissenen Asphalt und Spuren von Panzerketten, Bonbonpapier und eine Hülse mit der Aufschrift „Zvezdochka" [„Sternchen"]. Auch unsere Nachbarn traten auf die Straße. Wir alle dachten, die Panzer hätten sich bloß verfahren. Dies war jedoch nicht der Fall. Es war der Beginn der Besetzung von Worsel.

In der zweiten Kriegswoche waren wir mit dreizehn Personen im Haus unserer Eltern, darunter ein Kind. Gas gab es keines mehr. Das Benzin für den Generator ging zur Neige, die Lebensmittelvorräte wurden knapp, und die Geschäfte im Ort waren zerstört und ausgeräumt. Essen kochten wir im Hof über offenem Feuer und versuchten, es so gerecht wie möglich zu verteilen. Es tat weh, als mein Neffe mich fragte, ob er noch etwas haben könne, und ich ihm sagen musste, nein, das könne er nicht, sonst reiche es nicht für alle. Von Brot konnten wir nur träumen. Wir buken Pfannkuchen aus Wasser, Mehl und Speiseöl. Meine Gedanken drehten sich um zwei Fragen: Wie kommen wir an Essen, und wie kommen wir hier raus? Wir fragten die Leute im Ort, ob sie uns etwas verkaufen könnten. Einige hatten Milch, andere Eier. Ich staunte, wie freundlich und selbstlos manche Menschen unter solchen Bedingungen sind. Die Frau, bei der ich Milch kaufte, wollte nur den halben Preis, obwohl ich bereit war, den vollen Preis zu zahlen. Aber es gab auch Leute, die für ein Stück Brot, das sonst vielleicht 13 Hrywnja kostet, 150 Hrywnja verlangten.

Etwas weiter weg gab es einen kleinen Laden, wo wir eine große Einkaufstasche mit Lebensmitteln ergattern konnten. Die Tasche war so schwer, dass die Schwester meines Mannes und ich sie gemeinsam tragen mussten. Ungefähr dreihundert Meter von unserem Haus entfernt hörten wir hinter uns ein fürchterliches Gebrüll. Jemand rief: „Lauft, Panzerkolonne!" Also liefen wir, ohne uns umzusehen, die Tasche ließen wir aber nicht los. Bestimmt zwanzig Minuten lang rollten unaufhörlich Panzer durch unsere Straße.

Wir gewöhnten uns daran, im Dunkeln zu leben, und sprachen nur noch im Flüsterton. Die ganze Zeit patrouillierten Fahrzeuge durchs Dorf. Wir verhängten die Glastüren mit Laken und Bettdecken und brachten an den Fenstern Vorhänge an. Auch Taschenlampen ließen wir ausgeschaltet. Ständig gab es Explosionen, hörten wir Schüsse, sahen wir brennende und qualmende Gebäude. Einmal wachte ich davon auf, dass sich das Haus zur Seite neigte, um sich nach einem lauten Knall wieder aufzurichten. Ein Gefühl wie auf einer Luftmatratze auf dem offenen Meer.

Wir dachten, wir könnten uns nicht mehr sicher sein, ob wir den nächsten Morgen noch erleben würden, und verabschiedeten uns voneinander, bevor wir ins Bett gingen. Wir sagten uns die wichtigsten Worte, weil es die letzten Worte in unserem Leben sein konnten.

Die Situation wurde immer schrecklicher. Die dreijährige Tochter einer Freundin, auf deren Auto geschossen wurde, starb im Kugelhagel. Ein Bekannter wurde von einem Scharfschützen getötet, als er mit dem Fahrrad Windeln für sein Kind kaufen wollte. Das passte alles nicht in meinen Kopf. Es waren Leute, die ich gut kannte, es passierte in meinem Heimatort.

Es gab keinen Strom und kein Gas mehr, weder Mobilfunk noch Internet. Ich dachte zunehmend an Flucht, auch wenn es ein Lotteriespiel war. Mehr als den Tod bei einem Fluchtversuch fürchtete ich jedoch das, was den Bewohnern von Butscha angetan wurde. Ich hatte Angst, dass mein Mann vor meinen Augen erschossen, ich vergewaltigt würde. Was uns von der Flucht abhielt, war die Verantwortung für meinen elfjährigen Neffen, der bei uns war. Also blieben wir, ohne Strom, ohne Wasser, ohne Gas, ohne Telefon und mit kaum etwas zu essen. Ich lag apathisch auf dem Bett und starrte auf die Reisetaschen, die ich eine Woche zuvor gepackt hatte. Wenn das Gebäude nach einer Explosion bebte und die Fensterscheiben klirrten, ging ich nicht mehr in den Keller.

Dann, am 9. März, einem Mittwoch, ich erinnere mich genau, schalteten wir den Generator für ein paar Minuten ein, um mal wieder Nachrichten zu sehen. So erfuhren wir, dass Worsel evakuiert werden sollte. Wir überlegten nicht lange. Auf ein Blatt Papier schrieb ich „KINDER", auf ein anderes „MENSCHEN" und klebte beide an die Autoscheibe. Dann luden wir die Taschen in den Kofferraum und fuhren im Schritttempo dem Autokonvoi entgegen, etwa zwei Kilometer entfernt von uns. Wir wurden gewarnt, ein feindlicher Panzer versperre den Weg. Aber wir schafften es. Der Konvoi zählte wohl mehrere Hundert Autos, aber alle warteten, bis ein Fahrzeug des Roten Kreuzes, das den Konvoi leitete, Kinder aus einer Sammelunterkunft geholt hatte. Die ganze Zeit hatte ich Angst, dass sie uns doch nicht rauslassen, dass sie uns zurückschicken würden.

Es hieß, der Treibstoff im Auto müsse für hundert Kilometer reichen. Dabei war es in den Wochen zuvor unmöglich gewesen zu tanken. Benzin wurde für Generatoren gebraucht. Ich war froh, fünf Stunden zum Tanken angestanden zu haben.

Als wir die Kontrollpunkte passierten, senkten wir unsere Köpfe und blickten zu Boden. Wir wussten, dass beim geringsten Verdacht geschossen werden konnte. Nur aus den Augenwinkeln sahen wir die russischen Soldaten mit ihren Maschinenpistolen. Die Fahrt dauerte ewig, wegen der Länge der Kolonne und der vielen Kontrollen. Aber endlich waren es UNSERE Kontrollpunkte, UNSERE Soldaten. Als sie unsere Dokumente kontrollierten, sagte ich, sie mögen bitte auf sich aufpassen.

Iryna (links), Mascha (Mitte) und ich auf einer Demo in Köln. © Julia Solska

Edel Books
Ein Verlag der Edel Verlagsgruppe

© 2022 Edel Verlagsgruppe GmbH, Neumühlen 17, 22763 Hamburg
www.edelbooks.com

Ein Teil der Erlöse aus dem Verkauf dieses Buches wird an die ukrainische Wohl-
tätigkeitsorganisation Divchata gespendet, die sich für Frauen und Kinder in der
Ukraine einsetzt.

Redaktion: Thomas Schmoll
Projektkoordination und Lektorat: Dr. Marten Brandt
Korrektorat: Andreas Feßer
Layout und Satz: Datagrafix GSP GmbH, Berlin | www.datagrafix.com
Umschlaggestaltung: Rothfos & Gabler, Hamburg
Lithografie: Frische Grafik, Hamburg

Druck und Bindung: GGP Media GmbH, Pößneck

MIX
Papier aus verantwor-
tungsvollen Quellen
FSC® C014496

Printed in Germany

ISBN 978-3-8419-0828-5